LE NOUVEL ENTRAÎNEZ-VOUS

révision
niveau in

450
nouveaux
exercices

Célyne HUET

CLE
INTERNATIONAL

Direction éditoriale
Michèle Grandmangin

Responsable de projet
Édition multi-supports
Pierre Carpentier

Assistante d'édition
Brigitte Faucard

Conception graphique/Mise en page
DESK

AVANT-PROPOS

Ce livre de révisions, de la collection *Le Nouvel Entraînez-vous*, est conçu pour un public de **niveau intermédiaire** (150 heures d'apprentissage) en français langue étrangère. Il s'adresse tout particulièrement aux apprenants désireux de vérifier leurs acquis ou en situation de préparation à une certification en langue française.

L'objectif de l'entraînement est d'amener l'apprenant à **maîtriser les compétences de communication** « comprendre » et « écrire » indispensables **aux niveaux A3 et A4 du DELF** et au **niveau B1 du cadre européen de référence**.

L'entraînement est structuré en **quinze dossiers thématiques** chacun illustré par un titre permettant de cibler le thème général abordé. Chaque dossier est ensuite découpé en plusieurs parties qui présentent des **objectifs communicatifs** précis.

L'organisation de l'ouvrage vise à aider l'apprenant à développer des **compétences linguistiques et communicatives** autour d'un thème lexical spécifique. Le lexique est abordé dans les exercices de **vocabulaire** mais est aussi repris dans les exercices ayant trait à la **grammaire**, l'**orthographe**, la **conjugaison** et la **prononciation**, permettant ainsi un renforcement de la mémorisation. Cette organisation répond à une conception pédagogique qui, à chaque énoncé, veut apporter à l'apprenant une réflexion sur le **plan syntaxique** et sur le **plan sémantique**.

Les activités proposées sont **variées** et exploitent des typologies d'exercices connues des apprenants : exercices de réécriture, de mise en relation, de remise en ordre, QCM,... Chaque exercice est introduit par une **consigne brève et concise** accompagnée d'un exemple.

Cet ouvrage permet de travailler **en classe** sur le renforcement de faits de langue particuliers. Il peut ainsi servir de complément à une méthode et aider à l'assimilation des acquisitions faites en classe. Par ailleurs, afin de faciliter l'entraînement des étudiants en situation d'**auto-apprentissage**, les corrigés des exercices peuvent être consultés à partir d'un livret placé à l'intérieur du livre.

Ce livre est accompagné d'un **CD audio** ainsi que d'un **livret** contenant les **corrigés** des exercices et la **transcription des enregistrements**. Une version de cet ouvrage existe également sur **CD-ROM**.

SOMMAIRE

I. TEMPS LIBRE
A. Sport et musique 5
B. Avoir des occupations 6
C. Organiser son temps libre 9
D. Trouver des occupations 11

II. DÉCRIRE UNE PERSONNE
A. L'apparence physique 15
B. Le caractère 17
C. Les qualités et les défauts 18
D. Les vêtements et les couleurs 19
E. La comparaison 21

III. C'EST LA VIE !
A. La vie à deux 25
B. Avoir des enfants 26
C. Éduquer les enfants 30
D. Bon anniversaire ! 32
E. La vie s'éteint 33

IV. PROJETS D'AVENIR
A. Le parcours scolaire 35
B. L'école primaire 35
C. Le collège et le lycée 36
D. L'université/le futur simple 37
E. Situer le futur 42
F. Travail scolaire et universitaire 45

V. UN SOU EST UN SOU !
A. L'argent 46
B. Les devoirs et les obligations 48
C. À quelle condition 49
D. Combien ? 52

VI. C'EST LES VACANCES !
A. Quelle destination ? 56
B. Provenance et destination 58
C. Organiser son séjour 58
D. Raconter son séjour 61

VII. MAISON MODE D'EMPLOI
A. La recherche d'un logement 66
B. Les travaux 67
C. Le déménagement 69
D. L'entretien du logement 71
E. Aménager son logement 72
F. L'électroménager 74

VIII. AU TRAVAIL !
A. Chercher un travail 77
B. Passer un entretien d'embauche 78
C. Dans l'entreprise 81
D. Perdre son emploi 84

IX. EN VOITURE !
A. Conduire 88
B. Entretenir sa voiture 93
C. Délits et accidents 95

X. C'EST UN MONDE !
A. La presse 100
B. Les rubriques 101
C. L'équipe de rédaction 105
D. Rédiger un article 106

XI. MOI ET LES AUTRES
A. Être sociable 110
B. Suggérer une sortie 111
C. Exprimer un souhait 112
D. Exprimer une préférence 113
E. Demander poliment 114
F. Organiser une sortie cinéma 115
G. Inviter ou être invité(e) 118

XII. J'ADORE
A. Aller au restaurant 120
B. Exprimer ses goûts 121
C. Commander au restaurant 124
D. Déguster 125
E. Faire la cuisine 126

XIII. LES FRICTIONS
A. Le conflit 129
B. Les reproches 132
C. On ne se parle plus ! 134
D. Les excuses et la réconciliation 136

XIV. À VOTRE SANTÉ
A. Ça ne va pas fort ! 139
B. Chez le médecin 141
C. Qu'a dit le médecin ? 145
D. Le système de santé 146

XV. COMMUNIQUONS !
A. Par téléphone 149
B. Dialogues multiples 152
C. Par courrier 155
D. Internet 160

I. TEMPS LIBRE

A. SPORT ET MUSIQUE

1 **Activités sportives. Rayez l'intrus.**

Exemple : saut en longueur – saut à la perche – ~~tennis~~

a. voile – natation – baseball

b. hockey – patinage – course à pied

c. équitation – danse – gymnastique

d. chasse – tir à l'arc – saut en hauteur

e. lutte – trampoline – judo

f. plongée – escrime – ski nautique

g. randonnée – escalade – planche à voile

h. cyclisme – saut à l'élastique – parachutisme

2 **Complétez les phrases à l'aide du verbe** *faire* **conjugué au présent de l'indicatif.**

Exemple : Il *fait* des effort !

a. Nous .... du sport tous les jours.

b. Elles .... souvent des gâteaux.

c. On .... les courses ?

d. Je .... de la chimie.

e. Ils .... du violon.

f. Vous .... le marché ?

g. Tu .... l'idiot !

h. Il .... beau aujourd'hui !

3 **Les instruments de musique. Cochez pour signifier si les instruments sont** *à cordes* **ou** *à vent.*

Exemple : une clarinette **1.** ☐ à cordes **2.** ☒ *à vent*

a. un piano   **1.** ☐ à cordes **2.** ☐ à vent

b. une mandoline **1.** ☐ à cordes **2.** ☐ à vent

c. une flûte   **1.** ☐ à cordes **2.** ☐ à vent

d. un harmonica   **1.** ☐ à cordes **2.** ☐ à vent

e. une trompette **1.** ☐ à cordes **2.** ☐ à vent

f. un violon   **1.** ☐ à cordes **2.** ☐ à vent

g. une guitare   **1.** ☐ à cordes **2.** ☐ à vent

h. un hautbois   **1.** ☐ à cordes **2.** ☐ à vent

4 Complétez les phrases à l'aide du verbe *jouer* conjugué au présent de l'indicatif.

> *Exemple :*   Ils *jouent* de l'harmonica.

a. Nous .... au basket.

b. Elles .... du saxophone.

c. On .... au tennis.

d. Je .... de la guitare.

e. Il .... du violon.

f. Vous .... aux échecs ?

g. Tu .... à la balle ?

h. Elle .... de la batterie.

5 *Faire* ou *jouer*. Complétez les phrases avec *faire* ou *jouer* au présent de l'indicatif (parfois deux réponses possibles).

> *Exemple :*   Elle *fait* du sport régulièrement !

a. Ils .... au football depuis trois mois.

b. Nous .... de la flûte.

c. Vous .... du tir à l'arc ?

d. Je .... au golf très souvent.

e. On .... du violoncelle.

f. Tu .... de l'escalade avec moi ?

g. Il .... au volley cet après-midi !

h. Elles .... de la natation.

6 Les articles. Rayez ce qui ne convient pas.

> *Exemple :*   Il joue ~~du basket~~/**au basket**/~~le basket~~.

a. Je fais du piano/au piano/un piano.

b. Tu joues du tennis/le tennis/au tennis.

c. Nous écoutons de la musique/à la musique/musique.

d. Elle fait les études/aux études/des études.

e. Vous pratiquez du sport/un sport/au sport.

f. J'adore du jazz/au jazz/le jazz.

g. Ils jouent de la guitare/à la guitare/un guitare.

h. On fait le ski/du ski/au ski.

B. AVOIR DES OCCUPATIONS

7 Révision du présent de l'indicatif. Complétez le texte à l'aide des verbes proposés : *vivre, avoir, faire, prendre, se passionner, s'occuper, lire, jardiner, partager.*

Je *partage* une maison avec des amis.

Il y .... toujours beaucoup de monde chez nous et tout le monde .... Caroline .... pour la cuisine, Stéphane et

Marc .... de la peinture, Éléonore et Cédric ...., Bertrand .... des photos et moi, je .... des romans. Nous .... bien.

8 | **Particularités de certains verbes. Conjuguez les verbes au présent de l'indicatif.**

Exemple : s'appeler → nous ***nous appelons***

a. voyager → nous ....

b. se lever → je ....

c. essuyer → tu ....

d. répéter → ils ....

e. lancer → nous ....

f. peser → vous ....

g. acheter → tu ....

h. jeter → il ....

9 | **Révision du présent de l'indicatif, particularités de certains verbes. Complétez le texte à l'aide des verbes donnés entre parenthèses.**

Mon frère et moi ***nageons*** (nager) beaucoup.

Nous .... (apprécier) aussi la pêche. Parfois, nous allons au lac. Paul .... (acheter) les vers. Moi, je .... (payer) les sandwiches et les boissons. Il loue une barque et nous .... (naviguer) un moment. Après, je .... (jeter) ma ligne et Paul s'endort aussitôt.

Deux heures plus tard, je .... (ramener) la barque à l'embarcadère, je réveille mon frère et nous .... (placer) le poisson dans une glacière. Nous le .... (manger) le soir même.

10 | **Soulignez les mots familiers.**

Exemple : rire – <u>rigoler</u> – <u>se marrer</u>

a. délirer – s'amuser – s'éclater

b. se barrer – s'arracher – partir

c. s'en aller – se casser – se tirer

d. flipper – s'inquiéter – baliser

e. kiffer – adorer – aimer

f. bosser – travailler – œuvrer

g. écrire – rédiger – gratter

h. voir – mater – regarder

11 Origine et durée. Mettez les phrases dans l'ordre.

Exemple : toujours/Elles/le/aiment/depuis/./cinéma

→ *Elles aiment le cinéma depuis toujours.*

a. dix/natation/./je/que/ans/Ça/la/pratique/fait

→ ....

b. ./depuis/joue/saxophone/trois/Il/mois/du

→ ....

c. chantons/a/dans/Il/chorale/./nous/y/années/que/des/une

→ ....

d. fait/depuis/jardinage/du/Elle/ans/./deux

→ ....

e. y/longtemps/./n'/gagné/pas/que/cartes/Il/as/a/aux/tu

→ ....

f. télé/quatre/regardez/./heures/Vous/depuis/la

→ ....

g. fait/téléphone/vingt/au/./Ça/il/minutes/qu'/est

→ ....

h. semaines/plus/a/qu'/deux/Il/travaillent/y/ils/./ne

→ ....

12 Origine et durée. Trouvez une formulation différente quand c'est possible.

Exemple : Ils font des bijoux depuis quelques mois.

→ *Ça fait quelques mois qu'ils font des bijoux.*

→ *Il y a quelques mois qu'ils font des bijoux.*

a. Vous nagez depuis longtemps ?

→ ....

→ ....

b. Ça fait combien de temps que tu lis ?

→ ....

→ ....

c. Il y a une éternité qu'elle ne court plus.

→ ....

→ ....

d. Je fais de l'équitation depuis 1990.

→ ....

e. Il écoute ses disques depuis deux heures.

→ ....

→ ....

f. Il y a des années que nous faisons de la couture.

→ ....

→ ....

g. Depuis toujours, ils aiment le cinéma.

→ ....

h. Ça fait une semaine qu'on joue aux échecs tous les soirs.

→ ....

→ ....

C. ORGANISER SON TEMPS LIBRE

13 | **Complétez les phrases avec les mots suivants :** *disques, ordinateur, jeux, bandes dessinées, SMS, casque, réseau, DVD, rollers.*

En général, quand je rentre chez moi après les cours, j'allume mon **ordinateur** et je joue aux .... vidéo. Je n'entends jamais ma mère quand elle m'appelle parce que je mets mon .... sur les oreilles et j'écoute des .... Ça l'énerve beaucoup. Souvent, avec les copains, on va en .... à la salle de jeux en .... Ce n'est pas mal. Quelquefois, le dimanche, je préfère rester chez moi à regarder des .... tranquillement, à lire des .... ou à envoyer des .... à ma copine.

14 | **La fréquence. Notez de 1 à 8 du plus fréquent au moins fréquent.**

a. régulièrement ( )

b. jamais ( )

c. quelquefois ( )

d. toujours ( )

e. souvent ( )

f. occasionnellement ( )

g. fréquemment ( )

h. rarement ( )

15 | **Reliez les mots pour retrouver des expressions de fréquence ou de durée.**

a. Tous   1. les heures.

b. Chaque   2. lundi.

c. Toutes   3. les matins.

d. Une fois   4. en temps.

e. Tout   5. par an.

f. De temps   6. la journée.

g. Toute   7. le temps.

h. Le   8. jour.

16 | *Tout, tous, toute, toutes*. **Complétez le texte.**

Stéphane aime **tout** et .... le monde. Il est extraordinaire ! Il parle ....
les langues européennes, il joue de .... les instruments de musique et il pratique
.... les sports d'équipe. Il est juste parfois un .... petit peu prétentieux
avec ses amis mais .... considèrent qu'il est exceptionnel. .... sa
famille est fière de lui et fait .... pour l'aider et l'encourager.

17 | **Écoutez et notez l'emploi du temps de Carole sur son agenda.**

18 | **Complétez les phrases avec** *jusqu'à, la, les, l', le, au, de, à, du*.
Exemple : Je travaille tous **les** jours.
a. J'étudie .... mardi .... samedi.
b. .... samedi, je vais à la campagne.
c. Je marche .... dix heures .... midi.
d. .... après-midi, je lis sous un arbre dans le jardin.
e. .... dimanche après-midi, je vais au musée.
f. En général, je passe .... soirée au cinéma.
g. .... septembre .... juin, je me promène dans les rues.
h. Je marche .... minuit et je rentre chez moi.

19 | **Complétez les phrases avec** *au, en, à, à la*.
Exemple : **À** Pâques, je vais voir mes grands-parents.
a. Je fais du ski .... hiver.
b. .... printemps, je prépare mon jardin.
c. .... été, je bronze sur ma terrasse.
d. .... mois d'août, c'est mon anniversaire.

e. .... juin, je sors tous les soirs.

f. .... début de la semaine, je regarde la télévision.

g. .... fin de la semaine, je vois mes amis.

h. .... Noël, je reste chez moi.

20 | Complétez les phrases à l'aide des mots proposés : *quelquefois, vers, de, le, la, chaque, à, toujours, tous les*.

Léopold va **tous les** jours au club de sport. Il adore ça ! Il y passe ....
journée. .... matin, il arrive .... 9 heures pile. Il nage
.... 9 heures 30 à 10 heures. Ensuite il partage son temps entre le
sauna et les douches glacées. Pour déjeuner, il mange .... une
salade mais .... il prend juste un jus d'orange. ....
après -midi, il pratique la musculation et la relaxation.

Enfin, ... 18 heures, il se décide à rentrer chez lui pour regarder le
sport à la télé.

D. TROUVER DES OCCUPATIONS

21 | Écoutez et cochez l'idée contenue dans chaque phrase.

Exemple : **1.** ☒ *La capacité* **2.** ☐ Le désir

a. **1.** ☐ La volonté   **2.** ☐ L'obligation

b. **1.** ☐ La crainte   **2.** ☐ L'obligation

c. **1.** ☐ Le désir   **2.** ☐ Le goût

d. **1.** ☐ La nécessité   **2.** ☐ La capacité

e. **1.** ☐ L'espoir   **2.** ☐ La crainte

f. **1.** ☐ La frustration   **2.** ☐ Le désir

g. **1.** ☐ Le choix   **2.** ☐ La jalousie

h. **1.** ☐ Le but   **2.** ☐ Le refus

22 | Faites des phrases à l'aide de : *vouloir, préférer, pouvoir, avoir l'intention de, devoir, refuser de, aimer, avoir envie de, avoir besoin de, avoir peur de*.

Exemple : Le refus de jouer au tennis. → Elle *refuse de jouer au tennis.*

a. Le désir de nager dans la piscine. → Il ....

b. Le but de lire chaque jour le journal. → Nous ....

c. La capacité de tricoter un pull pour ta mère. → Tu ....

d. La nécessité de partir en week-end. → J' ....

e. Le choix de rester à la maison. → Vous ....

f. Le goût de cuisiner pour les amis. → Ils ....

g. L'obligation de trouver une activité. → On ....

h. La crainte de ne pas avoir assez de temps pour tout faire.

→ Elle ....

23 | La négation : *ne...pas* ou *ne... plus*. Répondez aux questions.

Exemple : Tu veux un café ? → Non, *je ne veux pas de café.*

a. Tu aimes toujours la musique ? → Non, ...

b. Il a encore envie de faire du vélo ? → Non, ...

c. Vous pouvez chantez ? → Non, ...

d. Elles font toujours du sport ? → Non, ...

e. Est-ce que tu détestes les jeux de cartes ? → Non, ...

f. Nous avons encore besoin de prendre les parapluies ?

→ Non, ...

g. Est-ce que vous avez l'intention de sortir ?

→ Non, ...

h. Pouvez-vous vous reposer ?

→ Non, ...

24 | Reliez les phrases qui ont la même signification.

a. Je ne veux voir ni ma famille ni mes amis.

b. Je ne veux manger ni viande ni poisson ni légumes.

c. Je ne veux aller ni à la campagne ni à la montagne.

d. Je ne veux ni dormir ni travailler ni regarder la télé.

e. Je ne veux sortir ni le matin ni l'après-midi ni le soir.

f. Je ne veux ni chat ni chien.

g. Je ne veux lire ni magazine ni livre.

h. Je ne veux ni courir ni nager.

1. Je ne veux aller nulle part.

2. Je ne veux faire aucun sport.

3. Je ne veux voir personne.

4. Je ne veux aucun animal.

5. Je ne veux rien faire.

6. Je ne veux rien lire.

7. Je ne veux jamais sortir.

8. Je ne veux rien manger.

25 | *Ni... ni*. Transformez les phrases suivantes.

Exemple : Je n'aime pas les jeux de cartes. Je n'aime pas les jeux vidéo.

→ *Je n'aime ni les jeux de cartes ni les jeux vidéo.*

a. Il n'aime pas lire. Il n'aime pas écrire.

→ ....

b. Tu ne lis pas vite. Tu ne lis pas souvent.

→ ....

c. Nous ne pratiquons pas le piano. Nous ne pratiquons pas le violon.

→ ....

d. Ce jeu n'est pas intéressant. Ce jeu n'est pas utile.

→ ....

e. Elles ne cuisinent pas le midi. Elles ne cuisinent pas le soir.

→ ....

f. Vous n'avez pas envie d'aller au cinéma. Vous n'avez pas envie d'aller au théâtre.

→ ....

g. On n'a pas besoin de faire les courses. On n'a pas besoin de faire le ménage.

→ ....

h. Ils ne veulent pas visiter les musées. Ils ne veulent pas rencontrer des gens.

→ .... -

26 | **Répondez aux questions en utilisant :** *aucun(e), nulle part, jamais, personne, rien, plus*.

Exemple :   Elle parle à ses amies ? → Non, **elle ne parle à personne.**

a. Vous allez souvent au cinéma ? → Non, ...

b. Est-ce que tu fais une activité sportive ? → Non, ...

c. On va quelque part ce soir ? → Non, ...

d. Elle aime toujours la musique classique ? → Non, ...

e. Est-ce que nous jouons à quelque chose ? → Non, ...

f. Quelqu'un veut aller à la piscine ? → Non, ...

g. Quelque chose vous intéresse ? → Non, ...

h. Est-ce qu'il voit un ami quelquefois ? → Non, ...

27 | **Combinaison de négations. Mettez les phrases dans l'ordre.**

Exemple :   plus/feront/Ils/ne/sport/jamais/de/.

→ ***Ils ne feront plus jamais de sport.***

a. jamais/./Elle /voit/personne/ne

→ ....

b. ./ne/veut/faire/plus/promenade/On/aucune

→ ....

c. Vous/jamais/ne/faire/./voulez/rien

→ ....

d. jouer/ne/plus/Tu/./échecs/aux/veux/jamais

→ ....

e. son/./faisons/ne/depuis/plus/accident/rien/Nous

→ ....

f. ne/jamais/Il/film/voit/./aucun

→ ....

g. de/aucune/./ne/jamais/musées/On/fait/visite/plus

→ ....

h. part/Paul/./ne/jamais/nulle/va/plus

→ ....

28 | **Retrouvez le verbe qui correspond au nom.**

Exemple :   La peinture → **peindre**

a. le jardinage → ....

b. la couture → ....

c. le bricolage → ....

d. la lecture → ....

e. le dessin → ....

f. le tricot → ....

g. la cuisine → ....

h. le jeu → ....

29 | **Le présent progressif. Complétez les phrases avec** *être en train de*.

    Exemple : Il *est en train de* dessiner.

a. On .... jardiner mais tu ne nous déranges pas.

b. Elles .... coudre la robe de mariée d'Isabelle.

c. Je .... bricoler. J'ai besoin d'aide !

d. Vous .... lire ?

e. Ils .... regarder la télé.

f. Qu'est-ce que tu .... faire ?

g. Elle .... tricoter un pull pour l'hiver prochain !

h. Nous .... faire des gâteaux !

30 | **Présent ou présent progressif. Complétez les phrases avec les verbes entre paren-**
thèses au présent ou au présent progressif quand c'est possible.

    Exemple : Elle *tricote* (tricoter) un pull tous les ans.

a. Je ne peux pas venir, je .... (faire) la cuisine.

b. N'entre pas ! Il .... (développer) des photos !

c. Chaque week-end, elle .... (partir) en randonnée.

d. Je ne te dérange pas ? Tu .... (ne pas manger), j'espère ?

e. Faire les courses, nous .... (adorer) ça !

f. Il .... (passer) toutes ses journées à dessiner.

g. Pardon, je vois que vous .... (regarder) la télé.

h. On .... (apprendre) le solfège depuis un an.

II. DÉCRIRE UNE PERSONNE

A. L'APPARENCE PHYSIQUE

31 Indiquez de quoi on parle dans chaque phrase à l'aide des mots proposés : *cheveux, visage, allure, dents, teint, corpulence, sourire, taille, physique.*

Exemple : Il est agréable ou ingrat. → le *physique*

a. Il peut être rond, carré, triangulaire. → le ....

b. Mouvement de la bouche qui exprime la satisfaction. → un ....

c. Grand ou petit. → la ....

d. Ils couvrent la tête. → les ....

e. Coloration de la peau. → le ....

f. Elles nous permettent de manger. → les ....

g. Gros ou mince. → la ....

h. L'aspect général d'une personne. → l' ....

32 Transformez les phrases comme dans l'exemple.

Exemple : Ses cheveux sont raides. → Elle *a les cheveux raides.*

a. Son bras est cassé. → Elle ....

b. Leurs yeux sont verts. → Ils ....

c. Nos mains sont moites. → Nous ....

d. Votre ventre est creux. → Vous ....

e. Ton dos est voûté. → Tu ....

f. Mes pieds sont plats. → J' ....

g. Leur regard est sévère. → Elles ....

h. Nos cheveux sont bouclés. → Nous ....

33 Transformez les phrases comme dans l'exemple.

Exemple : C'est une femme avec des yeux bleus.
→ *C'est une femme aux yeux bleus.*

a. C'est un enfant avec les cheveux roux.

→ ....

b. C'est une jeune fille avec une silhouette élancée.

→ ....

c. C'est un homme avec une allure inquiétante.

→ ....

d. C'est une fillette avec un regard moqueur.

→ ....

e. Ce sont des gens avec un visage souriant.

→ ....

f. C'est un garçon avec les oreilles décollées.

→ ....

g. C'est un adolescent avec une peau claire.

→ ....

h. C'est un jeune homme avec un physique disgrâcieux.

→ ....

34 **Cochez la bonne définition.**

> *Exemple :* C'est tiré par les cheveux.
>> **1.** ☒ c'est exagéré et peu logique. **2.** ☐ C'est stupide.

a. Il a le bras long.
> **1.** ☐ Il est souple. **2.** ☐ Il a de l'influence.

b. On a l'estomac dans les talons.
> **1.** ☐ On ne peut pas bouger. **2.** ☐ On a faim.

c. Elle a les yeux plus grands que le ventre.
> **1.** ☐ Elle veut plus de nourriture qu'elle ne peut en manger. **2.** ☐ Elle est très maigre.

d. Ils ont un cheveu sur la langue.
> **1.** ☐ Ils disent des bêtises. **2.** ☐ Ils ont un défaut d'élocution.

e. J'en ai plein le dos.
> **1.** ☐ Mon sac est trop lourd. **2.** ☐ Je ne supporte plus la situation.

f. Tu as la grosse tête.
> **1.** ☐ Tu es prétentieux. **2.** ☐ Tu es très intelligent.

g. Nous avons une dent contre lui.
> **1.** ☐ Nous lui reprochons quelque chose. **2.** ☐ Nous lui devons quelque chose.

h. Vous me cassez les pieds.
> **1.** ☐ Vous me faites mal. **2.** ☐ Vous m'embêtez.

35 **Complétez les phrases à l'aide des verbes proposés au présent :** *avoir l'air, ressembler, avoir l'allure, sembler, être, paraître, porter, afficher, faire.* **(Parfois, plusieurs solutions.)**

> *Exemples :* Il *paraît* plus grand qu'à la télé.
>> Il *semble* plus grand qu'à la télé.

a. Ils .... contents de leurs vacances.

b. Nous .... heureux de vous connaître.

c. Elle .... un sourire radieux.

d. Tu ne .... à rien habillé comme ça !

e. Vous .... fatigué.

f. On .... jeune pour notre âge.

g. Je .... un pantalon noir et une veste rouge.

h. Il .... d'un prince.

36 | *Il y a/Depuis*. **Rayez ce qui ne convient pas.**

> *Exemple :* Elle ne s'est pas coiffée ***depuis***/~~il y a~~ 2 jours.

a. Tu portes une barbe depuis/il y a deux ans.

b. Ils sont chauves depuis/il y a huit ans.

c. Nous ne nous sommes pas rasés depuis/il y a une semaine.

d. Il a supprimé sa moustache depuis/il y a quatre ans.

e. Elle n'a pas coupé ses cheveux depuis/il y a des années.

f. J'ai changé de coiffure depuis/il y a un mois.

g. Vous teignez vos cheveux depuis/il y a longtemps ?

h. Elle s'est fait faire un chignon depuis/il y a trois jours.

37 | **Complétez le texte avec** *il y a* **ou** *depuis*.

.... trois ans, Francine a commencé à vouloir changer d'apparence. J'ai essayé de la convaincre de renoncer mais elle n'a rien voulu savoir. Finalement, ... un an environ, elle a subi une opération de chirurgie esthétique. .... ce jour, je la trouve presque laide.

J'ai demandé le divorce .... six mois.

................., elle a changé de couleur de cheveux, elle a fait un régime et elle s'est acheté de nouveaux vêtements. Je l'aime à nouveau .... environ trois semaines. Mais, ... deux jours, elle est partie avec un autre homme et .... je suis très malheureux.

B. LE CARACTÈRE

38 | **Parler de quelqu'un. Reliez les adjectifs qui ont le même sens.**

a. Il est rigolo.

b. Il est débrouillard.

c. Il est moche.

d. Il est gai.

e. Il est réservé.

f. Il est étourdi.

g. Il est têtu.

h. Il est adroit.

1. Il est habile.

2. Il est timide.

3. Il est buté.

4. Il est malin.

5. Il est joyeux.

6. Il est drôle.

7. Il est laid.

8. Il est distrait.

39 | **Parler des femmes et des hommes. Retrouvez l'adjectif au masculin.**

> *Exemple :* Elle est belle. → Il est ***beau***.

a. Elle est cultivée. → Il est ....

b. Elle est dynamique. → Il est ....

c. Elle est affectueuse. → Il est ....

d. Elle est élégante. → Il est ....

e. Elle est gentille. → Il est ....

f. Elle est amère. → Il est ....

g. Elle est molle. → Il est ....

h. Elle est vieille. → Il est ....

40 **Parler des autres. Réécrivez ce texte au féminin.**

Mon ami Nicolas est gentil mais un peu fou. La plupart du temps, il est calme et doux mais quelquefois, il devient idiot et très nerveux. Mon père l'aime bien parce qu'il est franc, ma mère l'adore parce qu'il est poli et ma sœur trouve qu'il est mignon.

Mon amie Léa est ....

....

....

....

....

....

....

41 **Complétez les phrases pour trouver l'adjectif correspondant au verbe.**
Exemple : Quelqu'un qui énerve est ***énervant***.

a. Quelqu'un qui bouleverse est ....

b. Quelqu'un qui séduit est ....

c. Quelqu'un qui craint est ....

d. Quelqu'un qui amuse est ....

e. Quelqu'un qui rêve est ....

f. Quelqu'un qui passionne est ....

g. Quelqu'un qui se moque est ....

h. Quelqu'un qui ment est ....

C. Les qualités et les défauts

car.

42 **Qualités et défauts. Reliez les contraires.**

a. beau	1. fainéant
b. bête	2. indifférent
c. généreux	3. laid
d. sincère	4. hypocrite
e. travailleur	5. détestable
f. adorable	6. intelligent
g. bavard	7. silencieux
h. curieux	8. radin

43 Qualités et défauts. Soulignez les adjectifs qui correspondent à des qualités.

Exemple : sournois – grincheux – <u>patient</u>

a. sympathique – ignoble – répugnant

b. fourbe – attachant – buté

c. rusé – cupide – apaisant

d. franc – écœurant – coincé

e. vif – sophistiqué – immonde

f. amer – pétillant – rasoir

g. souple – poseur – effronté

h. insolent – serein – insupportable

44 Qualités ou défauts. Cochez les adjectifs qui correspondent à des défauts.

Exemple : 1. ☒ *impressionnant*　2. ☒ *prétentieux*　3. ☐ délicat

a. 1. ☐ malsain　　2. ☐ tranquille　　3. ☐ solidaire

b. 1. ☐ agréable　　2. ☐ fabuleux　　3. ☐ inquiétant

c. 1. ☐ maniaque　　2. ☐ fascinant　　3. ☐ calme

d. 1. ☐ élégant　　2. ☐ affable　　3. ☐ anxieux

e. 1. ☐ ouvert　　2. ☐ émouvant　　3. ☐ têtu

f. 1. ☐ douillet　　2. ☐ drôle　　3. ☐ débrouillard

g. 1. ☐ simple　　2. ☐ accessible　　3. ☐ ennuyeux

h. 1. ☐ caractériel　　2. ☐ joyeux　　3. ☐ sincère

45 Le pluriel des adjectifs. Mettez les phrases au pluriel.

Exemple : C'est un homme idéal. → *Ce sont des hommes idéaux.*

a. Il est beau. → ....

b. Ma cousine est rusée. → ....

c. C'est le nouveau propriétaire. → ....

d. Il est très craintif. → ....

e. Elle est affectueuse. → ....

f. C'est un homme fatal. → ....

g. Il est vieux. → ....

h. Il est amical. → ....

D. LES VÊTEMENTS ET LES COULEURS

46 Écoutez puis notez si le vêtement entendu est pour homme ou pour femme.

Exemple : *homme*

a. ....

b. ....

c. ....

d. ....

e. ....

f. ....

g. ....

h. ....

47 | **Vêtements et couleurs. Rayez ce qui ne convient pas.**

   Exemple :   Elle porte des chaussures ~~rouge~~/***rouges***.

a. Il aime les cravates bleu/bleues marine.

b. C'est une jupe vert/verte pâle.

c. On adore les vestes noir/noires.

d. Tu veux ma robe gris/grise perle ?

e. Elles ne portent jamais de jaune/jaunes.

f. Je prends les pantalons vert/verts foncé.

g. Il achète toujours des pulls violet/violets.

h. Elle refuse les chemisiers rose/roses vif.

48 | **Complétez les phrases à l'aide des couleurs proposées et accordez les adjectifs si nécessaire.**

   Exemple :   Mathieu n'aime pas les vêtements ***noirs*** (noir).

a. Ces gilets .... (orange) sont affreux.

b. Pourquoi tu ne mets jamais ta chemise .... (bleu) ciel ?

c. Elle a de beaux cheveux .... (châtain).

d. Sandrine préfère les écharpes .... (violet).

e. L'imperméable de Thomas est .... (beige).

f. Houria a des dents très .... (blanc).

g. Ils ont de grands yeux .... (marron).

h. Je déteste les vêtements ....(rose) bonbon.

49 | **La place des adjectifs. Rayez les adjectifs qui ne sont pas à la bonne place.**

   Exemple :   Elles ont un ~~doré~~ collier *doré*.

a. Il a *mauvaise* haleine *mauvaise*.

b. Tu as une *claire* peau *claire*.

c. Je rencontre des *sympathiques* collègues *sympathiques*.

d. Vous avez une *bonne* tête *bonne*.

e. Elle porte une *vieille* veste *vieille*.

f. Ils achètent un *rouge* manteau *rouge*.

g. Nous préférons les *aimables* gens *aimables*.

h. On garde un *vague* souvenir *vague* d'elle.

50 | La place des adjectifs. Complétez les phrases avec les adjectifs suivants que vous placerez avant ou après le nom : *belle, nouveau, blancs, léger, grande, courte, jolie/petite, gentil/petit, longs/noirs*.

Exemple : C'est une **belle** femme ....

a. Je suis le .... propriétaire ....
b. Ils ont les .... cheveux ....
c. Tu as un .... accent ....
d. Nous avons une .... fille ....
e. Tu veux une .... veste .... ?
f. Vous avez une .... fille ....
g. Elle a un .... garçon ....
h. Il a de .... cheveux ....

E. LA COMPARAISON

51 | La comparaison sur des adjectifs. Faites des phrases à l'aide des informations proposées.

Exemple : Ta sœur/Fabienne/gentille/+
→ **Ta sœur est plus gentille que Fabienne**

a. Marianne/Carole/âgée/+ → ....
b. Léon/François/riche/– → ....
c. Cette femme/moi/grande/= → ....
d. Nous/vous/nombreux/– → ....
e. Anne/sa copine/malsaine/= → ....
f. Philippe/Stéphane/beau/+ → ....
g. Tu/lui/timide/= → ....
h. Je/toi/raisonnable/– → ....

52 | La comparaison sur des adverbes. Mettez les phrases dans l'ordre.

Exemple : plus/parle/Il/que/fort/amis/ses/.
→ **Il parle plus fort que ses amis.**

a. lentement/./Tu/aussi/moi/travailles/que
→ ....
b. Florian/vite /marchons/./que/aussi/Nous
→ ....
c. voisins/se/mieux/leurs/que/comportent/./Ils
→ ....
d. vous/facilement/./concentrez/moins/Vous
→ ....

e. qu'/écris/bien/eux/J'/aussi/.

→ ....

f. sa/./rapidement/Il/moins/conduit/femme/que

→ ....

g. mal/cousines/Elles/s'/que/habillent/./plus/leurs

→ ....

h. moins/dort/vous/./On/que/longtemps

→ ....

53 | **La comparaison sur des noms. Faites des phrases à l'aide des informations proposées.**

Exemple : Bernard dit des bêtises. Son frère dit beaucoup de bêtises.
→ ***Bernard dit moins de bêtises que son frère.***

a. Nathan a douze cravates. Romain a quarante cravates.

→ ....

b. Estelle a beaucoup de patience. Sa sœur a peu de patience.

→ ....

c. Mes collègues ont beaucoup de travail. J'ai beaucoup de travail.

→ ....

d. Nous avons cinq cents euros. Ils ont deux cent cinquante euros.

→ ....

e. Tu as dix montres et dix bracelets.

→ ....

f. Je n'ai pas de chance et tu as de la chance.

→ ....

g. Vous avez beaucoup de courage. Votre ami a peu de courage.

→ ....

h. Il a cent voitures. Un concessionnaire a cent voitures.

→ ....

54 | **La comparaison sur des actions. Faites des phrases à l'aide des informations proposées.**

Exemple : Cécile/dormir/son mari/–
→ ***Cécile dort moins que son mari.***

a. Tu/parler/moi/+ → ....

b. Ils/acheter/père/= → ....

c. Nous/voyager/nos parents/+ → ....

d. On/nettoyer/vous/= → ....

e. Je/sourire/toi/– → ....

f. Vous/jouer/des enfants/+ → ....

g. Thomas/sortir/Sébastien/= → ....

h. Elle/étudier/ses amies/– → ....

55 La comparaison. Rayez ce qui ne convient pas.

Exemple :   Il parle moins ~~intelligent~~/*intelligemment* que vous.

a. Elle est plus calme/calmement que toi.

b. Nous écoutons aussi attentif/attentivement que possible.

c. On a moins de faciles/facilités que d'autres.

d. Ils cuisinés/cuisinent plus que leurs épouses.

e. Tu sembles moins tranquille/tranquillement que d'habitude.

f. Il a autant de charmeur/charme qu'un épouvantail.

g. Vous vous arrêtez plus long/longuement qu'autrefois.

h. Je le souhaite/souhaité autant qu'elle.

56 *Meilleur(e)(s).* **Complétez les phrases avec l'adjectif** *meilleur.*

Exemple :   J'aime ta soupe mais ta tarte est ***meilleure.***

a. Ils ont de .... résultats scolaires depuis quelque temps.

b. Son moral est .... aujourd'hui.

c. Depuis qu'elle est enceinte, elle a une .... attitude envers sa famille.

d. Vous avez de .... jambes ce matin ? On peut aller se promener alors !

e. Paul est .... en mathématiques qu'en chimie.

f. C'est la .... de l'année !

g. Je vous souhaite une .... santé.

h. Nous vous présentons nos .... vœux.

57 *Mieux* **ou** *meilleur(e)(s).* **Rayez ce qui ne convient pas.**

Exemple :   Ils apprennent ~~meilleur~~/*mieux* avec le nouveau professeur.

a. Elle dort meilleur/mieux depuis trois jours.

b. Vous n'avez pas meilleur/mieux réussi votre examen.

c. Tu as meilleure/mieux mine qu'avant les vacances.

d. Ils sont meilleurs/mieux préparés.

e. Gaspard est meilleur/mieux joueur que toi.

f. Il a meilleur/mieux caractère depuis son mariage.

g. Nous espérons faire meilleur/mieux la prochaine fois.

h. J'ai de meilleures/mieux dents que mes parents.

58 Les superlatifs. Transformez les phrases avec des superlatifs.

Exemple :   Cette fille est belle.

→ ***Cette fille est la plus belle de toutes.***

a. Florent est un enfant merveilleux.

→ ....

b. Nathalie n'est pas une femme intelligente.

→ ....

c. Tu es moins bavard que mes autres cousins.

→ ....

d. Ce garçon est moins sympathique que l'autre.

→ ....

e. Nous lisons plus que vous.

→ ....

f. Il chante mieux que toi.

→ ....

g. Ils dorment plus souvent dans la journée que moi.

→ ....

h. Vous avez moins de cheveux que lui.

→ ....

59 **La similitude. Complétez les phrases avec :** *pareil, les mêmes, identique, similitudes, semblables, se ressemblent, comme, ressemble, telle*.

Exemple : Il y a de grandes **similitudes** entre vous.

a. Joëlle .... à sa sœur.

b. Tes frères .... beaucoup.

c. Dominique et Sylvie ont .... yeux.

d. Je suis .... toi, je n'aime pas le poisson !

e. Nous sommes tout à fait ....

f. Sa bouche est .... à celle de sa mère.

g. Elle est .... que tu l'imagines.

h. Il est .... que moi.

60 **Reliez pour retrouver les expressions utilisées pour décrire des personnes.**

a. moche comme   1. un pinson

b. haut comme ———————————————→2. trois pommes

c. rouge comme   3. une pie

d. bavard comme   4. un pou

e. grande comme   5. un lièvre

f. gai comme   6. une asperge

g. rapide comme   7. un renard

h. rusé comme   8. une pivoine

III. C'EST LA VIE !

A. LA VIE À DEUX

61 Retrouvez les noms qui correspondent aux verbes proposés.

> *Exemple :* se retrouver → des ***retrouvailles***

a. se rencontrer → une ....

b. séduire → la ....

c. aimer → l' ....

d. demander en mariage → une ....

e. se fiancer → des ....

f. se marier → un ....

g. inviter → une ....

h. recevoir → une ....

62 Complétez les phrases à l'aide des mots proposés : *noces, mairie, voile, témoins, dragées, livret de famille, pièce montée, demoiselles d'honneur, alliances.*

Tous les invités sont devant la ***mairie*** pour célébrer le mariage.

La mariée porte une longue robe blanche et les ....

tiennent son .... en dentelle. Elle a l'air d'une princesse !

Dans la grande salle, Monsieur le Maire fait un long discours puis les mariés échangent les

.... et s'embrassent. Le Maire fait signer les ....

sur un registre et donnent aux jeunes époux leur .... Après, il y a

une grande fête. Les invités mangent, parlent, dansent. Pour le dessert, il y a une immense

.... C'est délicieux ! On distribue des pochettes qui renferment

quelques .... pour emporter un peu de la fête avec soi. Les mariés

sont bien fatigués mais ils se préparent déjà à partir en voyage de ....

63 Le passé récent. Complétez les phrases avec *venir de*.

> *Exemple :* On ***vient de*** voir la mariée !

a. Paul et Élodie .... se marier.

b. Mon cousin .... faire sa demande en mariage à Laurence.

c. La cérémonie .... commencer.

d. Nous .... apprendre la nouvelle. Félicitations !

e. Elles .... changer d'avis. Elles refusent de se fiancer !

f. Je .... voir ton mari.

g. Tu .... arriver ! Dépêche-toi, tous les invités t'attendent !

h. Vous .... manger ! Attendez au moins la pièce montée !

64 Présent ou passé récent. Écoutez les phrases et notez *P* si la phrase est au présent et *PR* si la phrase est au passé récent.

Exemple : **P**

a. ………   e. ………

b. ………   f. ………

c. ………   g. ………

d. ………   h. ………

65 Présent ou passé. Cochez pour indiquer si la phrase est au présent ou au passé.

Exemple : Il est tombé amoureux.   **1.** ☐ Présent   **2.** ☒ *Passé*

a. Mélanie est mariée.   **1.** ☐ Présent   **2.** ☐ Passé

b. Pierre et Hélène se sont fiancés.   **1.** ☐ Présent   **2.** ☐ Passé

c. Je me suis habillée.   **1.** ☐ Présent   **2.** ☐ Passé

d. Nous sommes bien reposés.   **1.** ☐ Présent   **2.** ☐ Passé

e. Vous vous êtes regardés.   **1.** ☐ Présent   **2.** ☐ Passé

f. Mes voisins se sont séparés.   **1.** ☐ Présent   **2.** ☐ Passé

g. Les enfants sont réveillés.   **1.** ☐ Présent   **2.** ☐ Passé

h. Tu es divorcé ?   **1.** ☐ Présent   **2.** ☐ Passé

66 Donnez l'infinitif des verbes utilisés dans chaque phrase.

Exemple : On est entrés. → *entrer*

a. Nous sommes intéressées par votre demande. → ....

b. Il est invité au mariage. → ....

c. Ils se sont enfin décidés. → ....

d. La cérémonie est arrêtée. → ....

e. Vous vous êtes rapprochés ? → ....

f. Je me suis marié. → ....

g. Tu es bien maquillée. → ....

h. Ils se sont retournés une dernière fois avant de partir. → ....

B. AVOIR DES ENFANTS

67 Reliez les mots à leur définition.

a. Un enfant qui n'a plus de parents.   1. une nourrice

b. Un enfant né avant la date prévue.   2. l'aîné

c. Un très jeune bébé.   3. un obstétricien

d. Le plus jeune enfant de la famille.   4. un prématuré

e. L'enfant le plus âgé de la famille.   5. le benjamin

f. Une personne qui aide la maman à donner naissance.   6. un orphelin

g. Un médecin spécialiste de la maternité.   7. un nourrisson

h. Une personne qui garde les jeunes enfants.   8. une sage-femme

68 Soulignez les mots qui désignent un enfant en langage familier.

Exemple : une marmotte – un marmot

a. un moche – un mioche

b. un bambin – un larbin

c. un môme – un atome

d. un colosse – un gosse

e. un soufflet – un mouflet

f. un câlin – un gamin

g. un lardon – un gardon

h. un poivrot – un loupiot

69 Les objets indispensables. Complétez les phrases à l'aide des mots proposés : *berceau, couches, tétine, grenouillère, poussette, hochet, biberon, table à langer, kangourou.*

Exemple : C'est comme un petit fauteuil avec des roues. → une **poussette**

a. C'est un lit de bébé. → un ....

b. C'est un pyjama de bébé. → une ....

c. Il faut les changer plusieurs fois par jour. → les ....

d. C'est une petite bouteille pour donner du lait. → un ....

e. Certains bébés gardent cet objet dans la bouche. → une ....

f. C'est un petit jouet qui fait du bruit quand on le secoue. → un ....

g. C'est un objet en tissu pour tenir le bébé sur la poitrine. → un ....

h. C'est un meuble qui permet de changer et d'habiller le bébé. → une ....

70 Situer dans le passé. Notez de 1 à 8, de l'événement le plus lointain dans le passé à l'événement le plus proche.

a. Elle a accouché la semaine dernière. (   )

b. On a acheté une poussette avant-hier. (   )

c. Il y a cinq jours, elle est sortie de la maternité. (   )

d. Il a bu son biberon tout à l'heure. (   )

e. Ils ont eu un deuxième enfant l'année dernière. (   )

f. On a vu le bébé hier. (   )

g. J'ai fait une échographie le mois dernier. (   )

h. Elle est née il y a une heure ! (   )

71 Participes passés. Complétez les phrases avec le participe passé des verbes entre parenthèses.

Exemple : Ils ont **annoncé** (annoncer) la naissance du petit Thomas !

a. Elle a .... (offrir) une grenouillère à Pauline.

b. J'ai .... (recevoir) un faire-part de naissance ce matin.

c. Nous avons .... (voir) le bébé hier.

d. On a .... (boire) un verre ensemble à la santé du bébé.

e. Tu as .... (avoir) des nouvelles de la maternité ?

f. Vous avez .... (être) fiers d'apprendre cette naissance.

g. Il a .... (prendre) son fils dans ses bras.

h. Ils ont .... (savoir) tout de suite comment appeler leur fille.

22 Auxiliaire *avoir*. **Complétez les phrases avec le verbe entre parenthèses au passé composé.**

    Exemple : Tu *as allaité* (allaiter) ton bébé ?

a. On .... (courir) à la maternité.

b. Il .... (poser) sa tête sur mon bras.

c. Vous .... (apporter) un hochet !

d. Tu .... (acheter) une tétine ?

e. J'................................ (ouvrir) un paquet de couches.

f. Nous .... (voir) la sage-femme.

g. Elles .... (écrire) une lettre pour nous féliciter.

h. Elle .... (dire) « maman » !

23 Auxiliaire *être*. **Complétez les phrases suivantes au passé composé à l'aide des verbes proposés :** *partir, devenir, retourner, descendre, naître, se promener, s'endormir, aller, se reposer.*

    Exemple : Elle est *descendue* de sa poussette.

a. Ils .... au baptême de Daphnée.

b. Bérénice .... le 16 avril !

c. Il .... totalement idiot à la naissance de sa fille !

d. Ils .... pour la maternité il y a cinq minutes.

e. Vous .... chez le pédiatre ?

f. On .... dans le parc tout l'après-midi.

g. Le bébé ....

h. Je .... un peu.

24 *Être* ou *avoir*. **Complétez les phrases à l'aide des verbes entre parenthèses au passé composé.**

    Exemple : J'*ai monté* (monter) le berceau dans la chambre.

a. Il .... (rentrer) la poussette dans l'entrée.

b. Tu .... (passer) une échographie ?

c. Elles .... (monter) avec la sage-femme.

d. Nous .... (retourner) le bébé pour attacher sa grenouillère.

e. On .... (entrer) dans la salle d'accouchement.

f. Vous .... (passer) devant la pharmacie et vous n'avez pas acheté le lait !

g. Ils .... (sortir) le kangourou du coffre de la voiture.

h. Je .... (descendre) avec le bébé.

25 Complétez le texte à l'aide des verbes entre parenthèses au passé composé.

Elle **a appris** (apprendre) sa grossesse l'année dernière.

Elle .... (accoucher) hier soir. Patrick et Christine ....
(arriver) à la maternité vers midi. Patrick .... (assister) à l'accouchement. Tout .... (se passer) sans problème. Christine ....
(mettre) au monde son bébé à 18 heures. Patrick .... (couper) le
cordon ombilical. Ils .... (appeler) leur bébé Lola. C'est une belle
petite fille de 3,5 kg ! Aujourd'hui, tous leurs amis .... (venir) voir
Lola et féliciter les parents.

26 Négation et passé composé. Mettez les phrases dans l'ordre.

Exemple : pas/ont/Ils/n'/bébé/baptisé/leur/.

→ *Ils n'ont pas baptisé leur bébé.*

a. péridurale/Je/voulu/./pas/avoir/n'/ai/de

→ ....

b. l'/est/hôpital/encore/pas/Elle/sortie/n'/./de

→ ....

c. allaiter/fille/?/pu/Tu/pas/n'/ta/as

→ ....

d. Vous/analyses/allée/des/faire/êtes/pas/ ?/n'

→ ....

e. de/avons/./n'/trouvé/pas/nourrice/Nous

→ ....

f. n'/./longtemps/Il/resté/très/pas/est/en/couveuse

→ ....

g. la/prévenu/famille/n'/./pas/On/a

→ ....

h. son/bébé/pas/Le/lait/n'/bu/a/.

→ ....

27 *Déjà* ou *encore*. Complétez les phrases avec l'un de ces deux mots.

Exemple : Le bébé veut **encore** téter.

a. Tu as .... donné le biberon à un bébé ? – Non, jamais.

b. Romuald n'a pas .... pris son bain.

c. Vous êtes .... là ! Vous avez fait vite !

d. Il veut .... se promener. Je suis épuisée !

e. Nous n'avons pas .... choisi le prénom.

f. J'ai .... envie de manger des fraises ! Retourne au marché, s'il te plaît !

g. Toute petite ...., elle aimait la musique.

h. Ils ont .... tout. Que veulent-ils de plus !

C. ÉDUQUER LES ENFANTS

28 | L'univers des petits. Complétez les phrases à l'aide des mots proposés : *square, pouce, goûter, pâtés, bonbons, jouets, dessin animé, sieste, bac à sable*.

    Exemple : L'après-midi, le petit Romain fait la **sieste**.

a. Après, il va quelquefois au .... pour jouer un moment.

b. Sa maman reste assise sur un banc et discute pendant que tous les enfants sont dans le ....

c. Il fait des .... avec son seau et sa pelle.

d. Il rentre à la maison pour prendre le ....

e. Ensuite, il a le droit de regarder un .... à la télévision.

f. Il est sur le canapé et suce son ....

g. Après, il doit ranger ses .... dans sa chambre.

h. S'il a bien travaillé, sa maman lui donne des .... pour le récompenser.

29 | Cochez la définition correcte de chaque phrase.

    Exemple : Elle s'occupe de ses enfants.

            1. ⊠ *Elle prend soin de ses enfants.*   **2.** ☐ Elle parlent de ses enfants.

a. Il dorlote ses enfants.

    1. ☐ Il câline ses enfants.   **2.** ☐ Il donne une fessée à ses enfants.

b. Je gronde ma fille.

    1. ☐ Je mesure ma fille.   **2.** ☐ Je dispute ma fille.

c. Elle encourage le benjamin.

    1. ☐ Elle réprimande le benjamin.   **2.** ☐ Elle valorise le benjamin.

d. Nous accompagnons nos enfants partout.

    1. ☐ Nous allons partout avec nos enfants.

    2. ☐ Nous cherchons partout des amis pour nos enfants.

e. Il permet à l'aîné de sortir le soir.

    1. ☐ Il impose à l'aîné de sortir le soir.   **2.** ☐ Il autorise l'aîné à sortir le soir.

f. Vous consolez Noémie.

    1. ☐ Vous écoutez Noémie.   **2.** ☐ Vous réconfortez Noémie.

g. Tu corriges souvent tes enfants ?

    1. ☐ Tu reprends souvent tes enfants ?   **2.** ☐ Tu gâtes souvent tes enfants ?

h. Elle rassure son bébé.

    1. ☐ Elle calme son bébé.   **2.** ☐ Elle réveille son bébé.

80 Reliez les deux parties de chaque phrase.

a. Ces enfants sont polis,
b. Il a fait des bêtises,
c. Tu as bien travaillé à l'école,
d. Elle console sa fille parce qu'
e. J'accompagne mes enfants le matin
à l'école et
f. Tu es privé de dessert,
g. Il gronde ses enfants parce qu'
h. Aujourd'hui, je permets à Paul de jouer
aux jeux vidéo mais

1. c'est une autorisation
exceptionnelle !
2. tu auras une récompense.
3. tu ne te tiens pas correctement
à table !
4. il a eu une punition !
5. elle est tombée et qu'elle pleure.
6. ils sont bien élevés.
7. ils ne sont pas sages.
8. ils rentrent avec leur nourrice.

81 Les pronoms personnels compléments d'objet direct. Remplacez les mots soulignés par les pronoms *le, la, les* ou *l'*.

Exemple : Il punit <u>sa fille</u>. → *il la punit.*

a. Les mères observent <u>leurs petits</u> au square. → ....
b. Célia attend <u>son fils</u> à la sortie de l'école. → ....
c. Mon fils invite <u>ses copains</u> à la maison le mercredi. → ....
d. Tu consoles <u>Mehdi</u> ? → ....
e. Nous encourageons <u>nos enfants</u>. → ....
f. Je conseille souvent <u>ma fille</u>. → ....
g. Vous accompagnez <u>Léo</u> à l'école ? → ....
h. Ils récompensent <u>les enfants sages</u>. → ....

82 Répondez aux questions.

Exemple : Tu me punis ? → Oui, *je te punis.*

a. Est-ce que son retard t'inquiète ? → Non, ...
b. Carole vous ennuie ? → Non, ...
c. Ta mère t'embrasse souvent ? → Oui, ...
d. Tu crois qu'il m'appelle? → Oui, ...
e. Est-ce que tu vas nous disputer ? → Non, ...
f. Tu veux bien m'attendre ? → Oui, ...
g. Est-ce que je vous récompense assez ? → Oui, ...
h. Ton père accepte de nous conseiller ? → Oui, ...

83 Pronoms COD et passé composé. Répondez aux questions. (Attention à l'accord.)

Exemple : Est-ce que tu as acheté <u>les fournitures scolaires</u> ?

→ Non, *je ne les ai pas achetées.*

a. Paul a-t-il mangé <u>ses gâteaux</u> ?

→ Non, ...

b. Marie a contacté <u>la maîtresse de Julien</u> ?

→ Oui, ...

c. Votre fils a manqué <u>son rendez-vous chez le dentiste</u> ?

→ Oui, ...

d. Est-ce que mes enfants <u>vous</u> ont salués ?

→ Non, ...

e. Ça a surpris <u>ta fille</u> ?

→ Non, ...

f. Vous avez chanté <u>les chansons</u> ?

→ Oui, ...

g. Est-ce que tu as pris <u>ta douche</u> ?

→ Oui, ...

h. Tu as lavé <u>tes dents</u> ?

→ Oui, ...

D. BON ANNIVERSAIRE !

84 Les pronoms personnels compléments d'objet indirect. Remplacez les mots soulignés par les pronoms *lui* ou *leur*.

Exemple : Il offre des fleurs <u>à sa mère</u>. → *Il lui offre des fleurs.*

a. Nous avons écrit une carte d'anniversaire <u>à nos amis</u>.

→ ....

b. J'ai souhaité un joyeux anniversaire <u>à Alain</u>.

→ ....

c. Ils apportent des cadeaux <u>à Fanny</u>.

→ ....

d. Tu veux bien prêter ta robe <u>à Cécile</u> ?

→ ....

e. On a répondu <u>à nos cousins</u>.

→ ....

f. Je peux proposer quelques bonbons <u>aux enfants</u> ?

→ ....

g. Il a permis <u>à sa sœur</u> de couper le gâteau.

→ ....

h. Je donne du jus d'orange <u>à nos invités</u>.

→ ....

85 | Reliez les questions aux réponses.

a. Elle vous a offert un cadeau ?
b. Il t'a téléphoné ?
c. Elle t'a offert un cadeau.
d. Il vous a téléphoné ?
e. Elle nous a offert un cadeau ?
f. Il m'a téléphoné ?
g. Elle m'a offert un cadeau ?
h. Il nous a téléphoné ?

1. Oui, il t'a téléphoné.
2. Oui, il m'a téléphoné.
3. Oui, il nous a téléphoné.
4. Oui, elle nous a offert un cadeau.
5. Oui, elle t'a offert un cadeau.
6. Oui, elle vous a offert un cadeau.
7. Oui, il vous a téléphoné.
8. Oui, elle m'a offert un cadeau.

86 | Pronom *COD* ou *COI*. Rayez le pronom qui ne convient pas.

Exemple : Il n'a pas pris sa voiture ? Si, il la/l'a prise.

a. Elles ont appelé leurs amis ? – Oui, elles les/leur ont appelés.
b. J'ai voulu lui/la annoncer une bonne nouvelle.
c. Elle sourit à ses amis ? – Non, elle ne lui/leur sourit pas.
d. Attendez-lui/moi pour souffler les bougies !
e. Nous ne souhaitons pas les/leur voir.
f. Vous voulez les/leur parler ?
g. Tu dis au revoir aux invités pour moi ? – Ah non, c'est toi qui les/leur dit au revoir.
h. Répondez-la/lui !

87 | Pronoms personnels compléments et impératif. Écoutez et complétez les phrases par le pronom qui convient.

Exemple : Ouvre-*les* !

a. Choisis-………. !
b. Déplacez-………. !
c. Apportez-………. des disques !
d. Demande-………. de venir !
e. Écoute-………. !
f. Coupe-………. en six parts !
g. Invite-………. à danser !
h. Proposons-………. d'aller en discothèque !

E. LA VIE S'ÉTEINT

88 | Complétez le texte avec les mots proposés : *couronnes, cimetière, décédé, deuil, tombe, hommage, enterrement, inhumé, mort.*

La France en ***deuil***.

Le célèbre écrivain Julien Portier, qui est ……………………… en début de semaine, a été ……………………… aujourd'hui au ……………………… du Père Lachaise. De nombreuses personnalités ont assisté à l'……………………… et la

.... de l'écrivain est ce soir recouverte de ....
car sa .... soudaine a bouleversé le monde littéraire et ses lecteurs
continuent d'affluer pour lui rendre un dernier ....

89 **Remplacez les mots soulignés par un pronom.**

Exemple : Nous avons décidé de recouvrir sa tombe de marbre rose.
→ ***Nous avons décidé de la recouvrir de marbre rose.***

a. Il va envoyer des faire-parts de décès à tous ses amis.

→ ....

b. À sa demande, ils vont faire incinérer leur mère.

→ ....

c. Nous ne reverrons plus jamais notre grand-mère !

→ ....

d. Je vais rendre un dernier hommage à mon ami d'enfance.

→ ....

e. Tu accompagnes ta tante au cimetière aujourd'hui ?

→ ....

f. Il faut aller présenter nos condoléances aux membres de la famille.

→ ....

g. Elle vient d'apprendre la terrible nouvelle.

→ ....

h. N'oubliez jamais votre grand-père !

→ ....

90 **Mettez les phrases dans l'ordre.**

Exemple : va/manquer/./Il /nous/beaucoup
→ ***Il va beaucoup nous manquer.***

a. faut/./l'/Il/pas/ne/ici/enterrer

→ ....

b. leur/pu/Je/parler/pas/ai/./n'

→ ....

c. quittés/nous/Elle/a/tôt/trop/.

→ ....

d. continue/./veuve/le/Sa/de/pleurer

→ ....

e. ./aller/la/Je/consoler/vais

→ ....

f. les/Nous/déposées/./avons/hier

→ ....

g. une/./peux/de/lettre/envoyer/Tu/lui/condoléances

→ ....

h. prévenus/Elle/pas/son/la/ne/vous/a/./disparition/mari/de/de

→ ....

IV. PROJETS D'AVENIR

A. LE PARCOURS SCOLAIRE

91 | Notez de 1 à 8 le parcours scolaire de l'enfance à l'âge adulte.

a. baccalauréat ( )

b. doctorat ( )

c. collège ( )

d. maternelle ( )

e. Brevet des Collèges ( )

f. lycée ( )

g. primaire ( )

h. université ( )

92 | Retrouvez les noms qui correspondent aux verbes.

Exemple : enseigner → un **enseignement**

a. éduquer → une ....

b. corriger → une ....

c. apprendre → un ....

d. travailler → un ....

e. lire → une ....

f. réussir → une ....

g. échouer → un ....

h. étudier → une ....

B. L'ÉCOLE PRIMAIRE

93 | Reliez les noms à leur définition.

a. la cantine

b. l'instituteur, l'institutrice

c. le cahier

d. la classe

e. la récréation

f. la craie

g. l'élève

h. la note

1. Résultat chiffré, évaluation du travail de l'enfant.

2. Moment de pause entre les cours.

3. Enfant qui va à l'école.

4. Le professeur à l'école primaire.

5. Lieu où les enfants apprennent.

6. Lieu où les enfants mangent à midi.

7. Assemblage de feuilles de papier pour écrire.

8. Sert à écrire au tableau.

94 | Complétez le texte avec *cours, court, cour* ou *courent*.

Quelle matinée !

Mince ! On est à **court** de lait. Pas de petit-déjeuner ce matin !

Zut ! Mon pantalon est trop .... et je dois le changer. Maintenant, je suis en

retard alors je .... pour ne pas rater mon .... de dessin. Mais

à mon arrivée, tous les enfants .... dans la .... de récréation.

Nicolas .... vite pour son âge mais je l'arrête et lui demande : « Où ....-tu comme ça ? » Il me répond : « Tous les .... sont supprimés ! »

95 | **Futur imminent ou présent progressif. Rayez ce qui ne convient pas.**
Exemple : Le directeur est ~~sur le point de~~/**en train de téléphoner**, vous ne pouvez pas lui parler maintenant.

a. Je suis sur le point d'/en train d'emmener les enfants à l'école, je te rappelle à mon retour.

b. Nous sommes sur le point de/en train de réviser, je ne peux pas discuter avec toi.

c. Attention, ils sont sur le point de/en train de te renvoyer de l'école. Tu as intérêt à travailler davantage.

d. La cantine est sur le point de/en train de fermer, vous devez partir.

e. Florine est sur le point de/en train de réciter un poème. Vous l'écoutez !

f. Tu crois que je ne vois pas que tu es sur le point de/en train de copier sur ton voisin. Tu as zéro !

g. Que fait Louis ? – Il est sur le point de/en train de lire.

h. Vous êtes sur le point de/en train de commettre l'irréparable. Pensez-y maintenant !

C. LE COLLÈGE ET LE LYCÉE

96 | **Complétez les phrases à l'aide des verbes entre parenthèses au futur proche.**
Exemple : Le prof de maths *va changer* (changer) les horaires du cours.

a. Elles .... (passer) le Brevet des Collèges.

b. Mon fils .... (étudier) le latin.

c. Je suis sûre que tu .... (être) admise.

d. Nous .... (s'inscrire) dans un lycée professionnel !

e. Je .... (aller) dans le bureau du Principal.

f. Vous .... (réussir). C'est évident !

g. Tu .... (travailler) au C.D.I. ?

h. On .... (avoir) une bonne note, je le sens !

97 | **Mettez les phrases dans l'ordre.**
Exemple : faire/devoirs/ne/va/On/pas/./nos
→ ***On ne va pas faire nos devoirs.***

a. ce/vont/lycée/ne/./Ils/pas/rester/dans
→ ....

b. ./cantine/y/pas/Il/avoir/ne/va/de
→ ....

c. réciter/Tu/pas/vas/ ?/ne/poésie/ta
→ ....

d. pas/copie/lui/ne/Je/./rendre/vais/sa
→ ....

e. maintenant/allez/pas/n'/Vous/ !/abandonner

→ ....

f. leçons/pas/ne/va/apprendre/Elle/ses/.

→ ....

g. physique/Le/va/ne/prof/./de/venir/pas

→ ....

h. finir/./Nous/pas/allons/n'/exercices/les

→ ....

98 **Futur proche ou passé récent. Complétez les phrases.**

Exemples : On ***vient d'***apprendre ton renvoi.

On ***va*** protester !

a. Trop tard, il .... partir au collège.

b. Les élèves .... devoir patienter encore quelques minutes.

c. Nous .... avoir un avertissement. On est sûrs d'être punis par nos parents.

d. Tu .... le convaincre de continuer, j'espère !

e. Vous .... faire cinq exercices. Vous avez dix minutes.

f. Je .... finir ma rédaction. Je suis fatigué.

g. Nous .... t'aider à réviser. Ne t'inquiète pas !

h. Ils .... apprendre qu'ils ont raté le bac. Ils sont totalement déprimés.

D. L'UNIVERSITÉ/LE FUTUR SIMPLE

99 **Cochez la bonne réponse.**

Exemple : un cursus

   1. ☒ *Parcours universitaire.*

   2. ☐ Cours de langues anciennes.

a. un diplôme

   1. ☐ Formulaire à remplir pour les inscriptions.

   2. ☐ Document officiel qui prouve l'admission à un examen.

b. un concours

   1. ☐ Test de sélection pour être admis dans une école ou une entreprise.

   2. ☐ Épreuve sportive universitaire.

c. une formation

   1. ☐ Cours spécialisé dont le but est d'obtenir une compétence professionnelle.

   2. ☐ Bureau des renseignements de la faculté.

d. une mention

   1. ☐ Indication du niveau de réussite à un examen.

   2. ☐ Indication du niveau d'échec à un examen.

e. une U.F.R.
- **1.** ☐ Université Française.
- **2.** ☐ Unité de Formation et de Recherche

f. un amphithéâtre
- **1.** ☐ Grande salle de cours.
- **2.** ☐ Troupe de théâtre universitaire.

g. une U.V.
- **1.** ☐ Unité de Valeur.
- **2.** ☐ Université Varoise.

h. un stage
- **1.** ☐ Cours de théâtre.
- **2.** ☐ Expérience professionnelle en entreprise pour les étudiants.

100 | **Situer dans l'avenir. Notez de 1 à 8 du plus lointain au plus récent.**

a. Tu t'inscriras le mois prochain. (   )

b. Il commence les cours après-demain. (   )

c. Nous irons voir les résultats tout à l'heure. (   )

d. Mon examen est dans trois mois. (   )

e. Je repasserai le concours l'an prochain. (   )

f. J'ai des oraux la semaine prochaine. (   )

g. Nous finissons les cours demain. (   )

h. Vous travaillez ce soir ? (   )

101 | **Complétez les phrases à l'aide des mots proposés :** *imminent, avenir, projettent, planifié, projets, future, anticipé, prévue, envisages*.

> *Exemple :* Je n'ai pas encore **planifié** mon emploi du temps.

a. Ils .... de changer d'école.

b. La .... université ouvrira ses portes à l'automne.

c. Leur .... est très prometteur.

d. Son départ est ....

e. Tu .... bien toutes les possibilités ?

f. La fête de fin d'année est .... le 28 juin.

g. Vous avez parfaitement .... toutes les difficultés.

h. Il a beaucoup de .... pour l'année prochaine.

102 | **Formation du futur simple. Complétez les verbes avec les terminaisons du futur simple.**

> *Exemple :* À midi, je manger**ai** au restau U.

a. Il s'informer......... sur les modalités d'inscription.

b. Tu organiser......... ton travail, j'espère !

c. On ne présenter......... pas notre exposé aujourd'hui.

d. Nous relir......... notre copie.

e. L'an prochain, je partir......... faire un stage au Canada.

f. Elles corriger......... nos fautes d'orthographe.

g. Vous vous inscrir......... demain.

h. Ils passer......... un oral de rattrapage.

103 **Formation du futur simple. Transformez les verbes entre parenthèses au futur simple.**

    Exemple :   Je *serai* (être) architecte.

a. Quand j'.................................. (avoir) le bac,

b. j'.................................. (étudier) l'architecture.

c. Je .... (devenir) célèbre,

d. j'.................................. (aller) dans de nombreux pays,

e. et je .... (faire) des palais merveilleux

f. car je .... (savoir) convaincre les gens.

g. Je ne .... (s'ennuyer) jamais

h. et je .... (mourir) très vieux et très riche.

104 **Futur simple. Écoutez puis complétez ces phrases au futur simple.**

    Exemple :   Elle *travaillera* beaucoup.

a. Nous .... les mathématiques.

b. On .... à l'université de Montréal.

c. Ils .... la littérature médiévale.

d. Le ministre .... visiter votre établissement prochainement.

e. Tu .... médecin ?

f. Vous .... beaucoup d'étudiants cette année ?

g. J'.................................. une bourse d'étude l'année prochaine.

h. Elles .... plus tard.

105 **Transposez le texte suivant au futur simple.**

Cette nouvelle filière permet aux étudiants de premier cycle d'acquérir une méthodologie de travail et leur donne plus de temps pour décider de leur avenir. Nous évitons ainsi le découragement de beaucoup de jeunes gens après la première année universitaire.

Les étudiants peuvent choisir entre deux grandes orientations : Sciences et Technologies ou Sciences Humaines.

Durant un an, les professeurs des différentes U.F.R. interviennent pour présenter leur discipline de recherche.

Leur tâche est de convaincre les étudiants de les suivre dans leur aventure. Ils répondent à toutes les questions et parlent des divers débouchés professionnels.

À la fin de l'année, chaque étudiant décide alors de son domaine d'étude sur la base d'informations solides.

Cette nouvelle filière permettra aux étudiants ....

....

....

....

....

....

....

....

....

....

....

....

....

....

....

....

....

106 **Racontez la prochaine journée de deux étudiants d'après les informations données.**

Demain :

8 h 30 lever

9 h 00 petit-déjeuner

9 h 30 douche

10 h 00 départ pour l'université

10 h 30 – 12 h 30 cours de littérature comparée

13 h 00 déjeuner au restau U

14 h 00 étude à la bibliothèque

15 h 30 –17 h 30 cours de linguistique

Le soir sortie avec les copains, « bar des étudiants »

Demain matin, Romain et Mathieu se lèveront à huit heures et demie ....

....

....

....

....

....

....

....

....

....

....

....

107 Futur proche et futur simple. Transformez les informations proposées en phrases, en utilisant le futur proche et le futur simple.

    Exemple : Faire des exercices./Comprendre mieux.
          → Il *va faire des exercices et il comprendra mieux.*

a. Beaucoup travailler./Réussir l'examen.
→ Nous ....

b. Étudier la médecine./Être chirurgien.
→ Je ....

c. Prendre des cours particuliers./Avoir de meilleurs résultats.
→ Elle ....

d. Faire une dictée./Corriger la dictée.
→ Vous ....

e. Apprendre beaucoup de langues./Voyager.
→ Tu ....

f. Parler à leurs parents./Ne pas continuer le latin.
→ Ils ....

g. Trouver un sujet./Faire un exposé super !
→ On ....

h. Relire sa copie./Rendre sa copie demain.
→ Il ....

108 Présent ou futur simple. Complétez les verbes entre parenthèses en les mettant au présent ou au futur simple.

    Exemples : Elle **rentrera** (rentrer) bientôt au Conservatoire.
            Elle **est** (être) en cours pour le moment.

a. Prochainement, nous .... (proposer) un nouveau cursus.

b. Il .... (aller) tous les jours à l'U.F.R. d'Histoire depuis une semaine.

c. Tu .... (donner) souvent des cours ici ?

d. Elles .... (regretter) un jour ou l'autre de ne pas avoir continué leurs études.

e. On .... (penser) à vous demain. Bonne chance !

f. Nous .... (apprendre) régulièrement le vocabulaire et les conjugaisons.

g. Je .... (reprendre) mes études plus tard.

h. Vous .... (participer) de moins en moins en cours. Pourquoi ?

109 Lisez le mél de Juliette puis répondez en utilisant le présent, le futur proche, le futur simple et le passé composé.

Message de	Juliette

Salut,
Ça y est, j'ai réussi mon bac !
Je suis allée m'inscrire à la fac. J'ai choisi l'archéologie comme ça j'espère que je voyagerai un peu. Et toi, qu'est-ce que tu vas faire ? Tu as eu le bac aussi ? Réponds-moi vite, je suis impatiente de savoir ! Bisous.
Juliette

....
....
....
....
....
....
....
....
....
....
....
....

E. SITUER LE FUTUR

110 *Pour* ou *dans*. Rayez ce qui ne convient pas.

Exemple : Nous allons à la fac de Tours ~~dans~~/*pour* trois ans. Nous partons demain.

a. Attendez, le directeur vous recevra dans/pour un moment.

b. Elle a décidé de rester là-bas dans/pour toujours.

c. Les résultats sont dans/pour quand ?

d. J'ai trouvé un job dans/pour le mois de juillet.

e. Tu pars dans/pour une semaine ? Tu restes combien de temps ?

f. Vous ferez cette formation dans/pour combien de temps ? Elle durera trois mois, c'est ça

g. Dans/Pour deux ans, il sera avocat !

h. Ils veulent s'inscrire au cours de français dans/pour deux mois. Je leur suggère de reste plus longtemps.

111 *Pour* ou *pendant*. **Soulignez le mot qui convient.**

    Exemple : J'ai étudié à Rome pour – <u>pendant</u> deux ans.

a. Il n'a pas travaillé pour – pendant un mois !

b. Pour – Pendant l'instant, nous étudions.

c. Je n'ai pas encore de bourse pour – pendant l'année prochaine.

d. Vous n'avez toujours pas de stage pour – pendant le mois prochain ?

e. Elles se sont interrogées hier pour – pendant trois heures.

f. Pour – Pendant des jours, j'ai essayé de l'aider.

g. Tu envisages de partir pour – pendant longtemps ?

h. Je ne veux voir personne pour – pendant les examens.

112 *Dans, il y a, depuis*. **Complétez le texte.**

J'ai raté ce concours **il y a** deux ans. Je travaille pour le repasser .... six mois. J'ai vraiment envie d'entrer dans cette école. J'en rêve .... des années ! L'épreuve écrite aura lieu .... une semaine. Je dors mal .... cinq jours à cause de ça. .... trois jours, j'ai même fait un cauchemar. Enfin, si tout va bien, ... trois semaines je passerai l'oral. Les résultats seront affichés .... un mois. Oh là là ! .... longtemps que je n'ai pas eu peur comme ça !

113 **Formation. Réécrivez les phrases suivantes au futur antérieur.**

    Exemple : Elle a révisé toute la nuit. → *Elle aura révisé toute la nuit.*

a. Il s'est aperçu de son erreur. → ....

b. Nous n'avons rien écouté. → ....

c. Vous m'avez donné une mauvaise note. → ....

d. On a raté notre contrôle de géométrie. → ....

e. Ils se sont trompés de jour. → ....

f. Tu n'as pas appris tes conjugaisons. → ....

g. Je suis revenue avant la fin du cours. → ....

h. Il a espéré réussir ce concours. → ....

114 **Conjuguez les verbes entre parenthèses au futur antérieur.**

    Exemple : Je *serai rentré* (rentrer) pour ton examen.

a. Je t'................. (prévenir) !

b. Il .... (aller) fêter son succès avec des copains !

c. Ce n'est pas grave, vous .... (faire) de votre mieux !

d. Tu .... (annoncer) la nouvelle trop tôt !

e. Ils n'................. pas assez .... (travailler) !

f. Nous .... (attendre) toute la journée !

g. On .... (réviser) pour rien !

h. Elles .... (partir) avant la fin du cours.

115 Valeur temporelle : antériorité par rapport au futur. Soulignez les actions qui se déroulent en premier.

Exemple : Quand je serai parti, vous pourrez travailler tranquillement.

a. Tu comprendras mieux après que le professeur aura corrigé.

b. Quand il se sera habitué à sa nouvelle école, il aura des camarades.

c. Je t'achèterai un nouveau cartable dès que tu seras parti.

d. Vous ferez la conclusion lorsque vous aurez rédigé l'introduction.

e. Quand ils auront obtenu leur bac, ils pourront acheter une moto.

f. Elle décidera dès qu'elle aura lu tous les sujets proposés.

g. Après que le professeur sera parti, tu me passeras ta copie.

h. Nous serons soulagés aussitôt qu'elle nous aura rendu nos devoirs.

116 Valeur temporelle. Choisissez entre le futur simple et le futur antérieur et complétez les phrases à l'aide des verbes entre parenthèses.

Exemple : Dès qu'il **aura fait** (faire) ses devoirs, nous **irons** (aller) nous promener.

a. Quand j'................................ (réussir) mon bac, je .... (faire) du droit.

b. Il .... (partir) dès qu'il .... (finir) ses études.

c. Elle vous .... (donner) sa copie aussitôt qu'elle l'................................ (relire).

d. Quand vous .... (obtenir) votre diplôme, nous .... (déménager).

e. Tout .... (aller) mieux quand tu l'................................ (voir).

f. On vous .... (appeler) aussitôt qu'on .... (recevoir) les convocations.

g. Nous .... (commencer) lorsque les étudiants .... (arriver).

h. Dès qu'ils .... (partir), nous .... (apprendre) notre leçon.

112 Valeurs temporelle ou modale. Notez *(T)* si la phrase exprime la temporalité ou *(P)* si elle exprime la probabilité.

Exemple : Nous aurons révisé toute la nuit ! **T**

a. Il se sera perdu dans les couloirs. ( )

b. Elles auront bientôt fini. ( )

c. Quand j'aurai pris mon sac, je sortirai. ( )

d. Tu te seras trompé de salle. ( )

e. Ils auront oublié quelque chose avant de partir. ( )

f. Dès que vous aurez donné votre copie, vous pourrez sortir. ( )

g. Elle aura fait trop d'erreurs. ( )

h. On aura eu du mal à l'avoir, ce diplôme ! ( )

F. TRAVAIL SCOLAIRE ET UNIVERSITAIRE

118 Notez *(C)*, s'il s'agit d'un travail demandé au collège, *(L)*, s'il est demandé au lycée ou *(U)*, s'il s'agit de l'université. Attention ! Plusieurs réponses possibles.

    Exemple : un exposé **C L U**

a. une dissertation (   )   e. un mémoire (   )

b. un résumé (   )   f. un commentaire composé (   )

c. une rédaction (   )   g. une récitation (   )

d. une fiche de lecture (   )   h. une thèse (   )

119 Complétez les phrases à l'aide des mots proposés : *rédige, cherche, corrige, brouillon, relit, plan, copie, sujet, bibliothèque.*

    Exemple : Avant de commencer, il lit attentivement le **sujet**.

a. Laurent .... des informations.

b. Pour cela, il va à la ....

c. Il note ses idées sur un ....

d. Il établit un .... détaillé.

e. Il .... l'introduction, le développement et la conclusion.

f. Il .... attentivement son travail.

g. Éventuellement, il .... ses erreurs.

h. Enfin, il rend sa .... au professeur.

120 La restriction. Transformez les phrases suivantes en utilisant *ne... que.*

    Exemple : Il veut faire seulement un résumé.

                → ***Il ne veut faire qu'un résumé.***

a. Elle travaille uniquement.

→ ....

b. Le prof corrige seulement les rédactions.

→ ....

c. Pour le moment, je fais juste le plan.

→ ....

d. Tu aimes exclusivement les récitations.

→ ....

e. Vous avez rendu seulement trois fiches de lecture.

→ ....

f. Pendant trois ans, je vais me concentrer uniquement sur ma thèse.

→ ....

g. Sa rédaction est juste une pâle copie de mon travail.

→ ....

h. Nous voulons seulement préparer notre exposé.

→ ....

V. UN SOU EST UN SOU !

A. L'ARGENT

121 Complétez les phrases à l'aide des verbes proposés à la forme qui convient : *prêter, emprunter, rembourser, rendre, avoir, devoir, payer, coûter, tirer.*

> *Exemple :* Attends, je vais ***tirer*** de l'argent au distributeur !

a. Pardon madame, vous .... la monnaie de dix euros ?

b. Est-ce que tu peux me .... cent euros, s'il te plaît ?

c. Combien ça .... ?

d. Il a .... sa maison un million !

e. Nous avons .... de l'argent à la banque.

f. Un instant, monsieur, elle ne vous a pas encore .... la monnaie.

g. Je vous .... combien ?

h. Vous avez .... toutes vos dettes ?

122 Reliez ces expressions à leur définition.

a. Être avare.   1. Recevoir, gagner de l'argent.

b. Se serrer la ceinture.   2. Avoir des problèmes d'argent.

c. Être aisé.   3. Demander de l'argent aux passants.

d. Faire un virement.   4. Réduire ses dépenses.

e. Être dans le besoin.   5. Transférer de l'argent.

f. Jeter l'argent par les fenêtres. 6. Détester dépenser son argent.

g. Faire la manche.   7. Ne pas avoir de problème d'argent.

h. Avoir un revenu.   8. Gaspiller son argent.

123 Ces expressions familières parlent toutes d'argent. Rayez ce qui ne convient pas.

> *Exemple :* « Tu me prêtes de la ~~paille~~/***maille***. »

a. « J'ai pas assez de fric/flic pour partir en vacances. »

b. « Il a pas un long/rond en ce moment. »

c. « On a besoin de rognon/pognon. »

d. « T'as pas cent balles/malles ? »

e. « Ils sont pleins de tunes/dunes ces gens-là ! »

f. « Elle m'a donné du thé/blé hier. »

g. « Son grand-père ne sait pas quoi faire de son oseille/orteil. »

h. « Vous cherchez du flouze/blues ? »

124 Soulignez l'intrus.

> *Exemple :* un portefeuille – <u>un porte-drapeaux</u> – un porte-monnaie

a. une carte orange – une carte bleue – une carte bancaire

b. un crédit – un emprunt – une rente

c. une pièce – un ticket – un billet

d. une facture – un reçu – un virement

e. un prêt – un chèque – un mandat

f. une banque – une succursale – une annexe

g. un compte débiteur – un relevé bancaire – un découvert

h. du liquide – une carte – des espèces

125 Trouvez le nom qui correspond au verbe.

> *Exemple :* devoir → **dette**

a. coûter → ....

b. payer → ....

c. emprunter → ....

d. rembourser → ....

e. acheter → ....

f. investir → ....

g. dépenser → ....

h. économiser → ....

126 Complétez les phrases avec *coût(s), coup(s), cou(s)*.

> *Exemple :* En affaires, tous les **coups** sont permis !

a. Il faut absolument réduire les .... de transport !

b. Il a des problèmes jusqu'au .... !

c. Le directeur lui a refusé un crédit et elle lui a mis un .... de poing sur le nez !

d. Quel est le .... mensuel de cet emprunt ?

e. Est-ce que ça vaut le .... de s'endetter ?

f. C'est un .... dur pour votre entreprise.

g. Il s'est tordu le .... à essayer de voir mon code de carte bleue !

h. Le .... est trop élevé !

127 Complétez les phrases avec *compte(s), comptent, comte, conte(s)*.

> *Exemple :* Nous avons un **compte** à régler tous les deux !

a. Depuis qu'elle a rencontré ce milliardaire, elle vit un véritable .... de fées !

b. Je fais mes .... à la fin du mois.

c. Ce client est un .... !

d. .... sur moi pour t'aider !

e. Tes efforts ne .... pas !

f. Les bons .... font les bons amis !

g. Vous écrivez des .... depuis longtemps ?

h. Ils .... sans arrêt leurs sous.

128 Reliez ces sigles à leur définition.

a. R.I.B.

b. F.M.I.

c. T.I.P.

d. B.D.F.

e. P.E.P

f. C.A.C ——————————————→ 6. Compagnie des Agents de Change.

g. P.E.L

h. T.P.

1. Plan d'Épargne Logement.

2. Fond Monétaire International.

3. Banque de France.

4. Relevé d'Identité Bancaire.

5. Titre Interbancaire de Paiement.

6. Compagnie des Agents de Change.

7. Trésor Public.

8. Plan d'Épargne Populaire.

B. LES DEVOIRS ET LES OBLIGATIONS

129 Cochez les phrases qui présentent l'idée de nécessité, d'obligation ou d'ordre.

Exemple :   Travaille ! ☒

a. Je veux que tu travailles. ☐

b. Tu dois travailler. ☐

c. Tu veux travailler. ☐

d. Je t'ordonne de travailler. ☐

e. Il faut que tu travailles. ☐

f. Tu peux travailler. ☐

g. J'exige que tu travailles. ☐

h. Il est nécessaire que tu travailles. ☐

130 Conjuguez le verbe *devoir* aux temps demandés.

Exemple :   Il *a dû* (passé composé) perdre beaucoup d'argent au casino.

a. Elles vous .... (présent) combien ?

b. Nous .... (passé composé) économiser pendant deux ans.

c. Il .... (futur simple) vous inviter.

d. Vous .... (futur proche) rembourser vos amis.

e. Je .... (présent) de l'argent à tout le monde !

f. On .... (passé composé) laisser un pourboire.

g. Tu .... (futur simple) débourser cinq cents euros !

h. Nous vous .... (présent) la vie !

131 Notez *(P)* si la phrase indique un fait probable, *(N)* si elle indique une nécessité ou *(D)* s'il s'agit d'une dette.

Exemple :   Elle a dû prendre un deuxième emploi. *N*

a. Tu devras t'y faire. (   )

b. Ils ont dû avoir un problème. (   )

c. On doit du fric à Léo. (   )

d. J'ai dû payer une amende. (   )

e. Il doit nous faire confiance. (   )

f. Vous allez devoir nous suivre. (   )

g. Elle doit s'impatienter. (   )

h. Nous ne vous devons rien. (   )

132 Remplacez le verbe *devoir* par *il faut que* suivi du subjonctif.

> *Exemple :* Nous devons faire des économies.
>
> → **Il faut que nous fassions des économies.**

a. Ils doivent prendre un crédit.

→ ....

b. Elle doit venir samedi.

→ ....

c. Je dois voir un conseiller financier.

→ ....

d. Vous devez suivre mes conseils.

→ ....

e. Il doit partir au plus vite.

→ ....

f. Nous devons nous serrer la ceinture.

→ ....

g. On doit évaluer les risques.

→ ....

h. Tu dois être capable d'établir un budget.

→ ....

133 Complétez les phrases avec les verbes entre parenthèses au subjonctif présent.

> *Exemple :* Ils veulent que nous **soyons** (être) prudents.

a. Il est nécessaire que vous .... (faire) attention !

b. Nous exigeons que tu .... (aller) parler au directeur !

c. Elles n'acceptent pas que nous .... (avoir) des moyens.

d. Il est indispensable qu'il .... (savoir) la vérité !

e. Vous refusez que je .... (être) indépendant ?

f. Tu ne souhaites pas qu'elle .... (apprendre) la gestion ?

g. Il faut que vous .... (prendre) un formulaire d'ouverture de compte.

h. On ne tolérera pas que tu .... (avoir) une amende !

C. À QUELLE CONDITION ?

134 *Si* + présent/présent. Reliez pour compléter les phrases.

a. Le client achète

b. Si vous voulez,

c. Si je ne me trompe pas dans mes calculs,

d. Les actionnaires acceptent tout

e. Si tu ne veux pas me rembourser,

f. Si nous investissons,

g. Si on n'a pas de monnaie,

h. Si elle fait des bénéfices,

1. je t'attaque en justice !

2. on ne peut pas utiliser la machine.

3. vous pouvez faire un chèque.

4. si le chiffre d'affaires est en hausse.

5. s'il est en confiance.

6. je suis millionnaire !

7. nous préparons l'avenir.

8. elle m'offre une voiture !

135 *Si* + présent/futur. Faites des phrases sur le modèle proposé à l'aide des éléments donnés.

Exemple : Payer trop cher le loyer./Ne pas avoir assez d'argent pour vivre.

→ Si elle *paie trop cher le loyer, elle n'aura pas assez d'argent pour vivre.*

a. Gagner beaucoup d'argent./Payer beaucoup d'impôts.

→ Si nous ....

b. Ne pas avoir assez d'argent de poche./Ne pas pouvoir aller au cinéma.

→ S'il ....

c. Ne rien dire./Ne pas pouvoir continuer.

→ Si vous ....

d. Bien étudier./Bien gagner sa vie.

→ Si tu ....

e. Accepter ma proposition./Faire fortune.

→ S'ils ....

f. Continuer ce travail./Avoir les moyens de faire le tour du monde.

→ Si je ....

g. Faire attention./Pouvoir prendre un congé sabbatique.

→ Si nous ....

h. Avoir du temps libre./Faire du sport.

→ Si elle ....

136 *Si* + présent/impératif. Complétez les phrases avec les verbes entre parenthèses à l'impératif.

Exemple : Si tu veux un salaire, *cherche* (chercher) un travail !

a. Si vous avez des enfants, ... (préparer) leur avenir !

b. Si elle refuse ta situation financière, ... (quitter) -la !

c. Si nous allons au restaurant, ... (laisser) Pierre payer l'addition !

d. Si tu veux être riche, ne m'................................... (écouter) pas !

e. Si on obtient un crédit, ... (partir) au bord de la mer !

f. Si vous ne pouvez pas acheter cette voiture, ... (louer) -la !

g. S'ils te menacent, ... (appeler) la police !

h. Si je te dois quelque chose, ... (prévenir) -moi !

137 Complétez librement les phrases suivantes avec le présent, le futur simple ou l'impératif.

Exemple : S'il achète une voiture, *il le regrettera.*

a. Si je gagne au loto, ...

b. Si tu es à découvert, ...

c. Si nous voulons réussir, ...

d. S'ils empruntent trop, ...

e. Si on ne va pas à la banque aujourd'hui, ...

f. Si c'est trop cher, ...

g. Si j'ai des problèmes, ...

h. Si vous n'avez pas assez d'argent, ...

138 *À condition de* ou *à condition que*. **Choisissez puis complétez les phrases.**

    Exemple :   Tu peux rester chez moi mais tu dois nourrir mon chat.

                → ***Tu peux rester chez moi à condition de nourrir mon chat.***

a. Il veut bien garder cette chambre pour vous mais vous devez payer d'avance.

→ ....

b. Vous pouvez téléphoner mais vous devez avoir une carte.

→ ....

c. J'accepte de partir avec toi mais je dois payer ma part.

→ ....

d. On pourra vendre la maison mais tout le monde doit être d'accord.

→ ....

e. Elle a le droit d'entrer mais elle doit acheter un billet.

→ ....

f. Ils partiront tranquilles mais tu dois t'occuper de leurs affaires en leur absence.

→ ....

g. Ils nous invitent à dîner mais nous devons apporter le dessert.

→ ....

h. Nous avons la possibilité de faire fortune mais nous devons investir intelligemment.

→ ....

139 **Transformez les phrases suivantes avec** *sinon*.

    Exemple :   Si tu ne cherches pas de travail maintenant, tu seras au chômage !

                → ***Tu dois chercher du travail maintenant sinon tu seras au chômage !***

a. Si vous n'êtes pas d'accord, je change de banque !

→ ....

b. Si je ne reste pas chez moi, je dépense tout dans les magasins !

→ ....

c. Si tu ne fais pas attention, tu seras bientôt ruiné !

→ ....

d. Si le comptable ne vérifie pas ses calculs, les clients ne lui feront plus confiance !

→ ....

e. Si nous n'aidons pas Simone, elle sera à la rue !

→ ....

f. S'il n'accepte pas de payer, l'huissier saisira ses biens !

→ ....

g. Si on n'écourte pas nos vacances, on n'aura pas de quoi manger à notre retour !

→ ....

h. Si elles ne m'écoutent pas, elles perdront tout !

→ ....

D. COMBIEN ?

140 Soulignez les mots qui indiquent l'idée de quantité contenue dans chaque phrase.

Exemple :   Il n'a <u>pas assez d'</u>argent.

a. Nous avons trop d'emprunts.

b. Ils accumulent des dizaines de factures à payer.

c. J'ai pris un crédit.

d. Elle a quelques revenus.

e. Vous avez des dettes ?

f. Tu dépenses beaucoup d'argent.

g. On n'a plus de liquide.

h. Il a une centaine d'euros sur lui.

141 Remplacez les mots soulignés par le pronom *en*.

Exemple :   Elle prend <u>du poids</u>. → **Elle en prend.**

a. Tu achètes <u>des légumes</u>. → ....

b. On a <u>de l'énergie</u>. → ....

c. Il y a <u>du monde</u>. → ....

d. Vous rencontrez <u>des actionnaires</u>. → ....

e. Je cherche <u>de la monnaie</u>. → ....

f. Elles font <u>des efforts</u>. → ....

g. Nous fabriquons <u>du papier</u>. → ....

h. Il se sert <u>de la machine</u>. → ....

142 Imaginez ce que *en* remplace.

Exemple :   Elles en ont trois.

→ ***Elles ont trois chéquiers.***

a. J'en offre beaucoup.

→ ....

b. Nous en recevons tous les mois.

→ ....

c. Il en a donné quelques-uns.

→ ....

d. Trouvez-en !

→ ....

e. Elles vont en commander un.

→ ....

f. Vous en voulez plusieurs ?

→ ....

g. Tu veux en envoyer ?

→ ....

h. Il n'a pas pu en apporter.

→ ....

143 Cochez les mots qui expriment une quantité et qui peuvent être suivis d'un nom.

Exemple :   1. ☒ *un millier de*   2. ☒ *mille*   3. ☐ un millier

a. **1.** ☐ pas de   **2.** ☐ rien   **3.** ☐ aucun(e)

b. **1.** ☐ quelques   **2.** ☐ un peu de   **3.** ☐ peu

c. **1.** ☐ plusieurs   **2.** ☐ chacun   **3.** ☐ un certain nombre de

d. **1.** ☐ assez de   **2.** ☐ suffisamment de **3.** ☐ suffisant

e. **1.** ☐ vachement de   **2.** ☐ beaucoup   **3.** ☐ un tas de

f. **1.** ☐ énormément de   **2.** ☐ de nombreux **3.** ☐ plein de

g. **1.** ☐ très   **2.** ☐ plus de   **3.** ☐ autant de

h. **1.** ☐ trop de   **2.** ☐ excès   **3.** ☐ plus

144 Transformez les nombres en nom collectif quand c'est possible.

Exemple :   10 → *une dizaine*

a. 1 000 → ....

b. 60 → ....

c. 80 → ....

d. 12 → ....

e. 50 → ....

f. 100 → ....

g. 40 → ....

h. 8 → ....

145 Transformez les phrases en employant le pronom *en*.

Exemple :   Tu remplis énormément de dossiers !

→ *Tu en remplis énormément !*

a. Elle gagne un petit salaire.

→ ....

b. Nous recevons beaucoup de demandes de prêts.

→ ....

c. Il y a vachement de clients aujourd'hui !

→ ....

d. Ils ont assez de revenus.

→ ....

e. Tu as peu de besoins.

→ ....

f. On n'a pas trop de blé en ce moment.

→ ....

g. Vous voulez quelques brochures ?

→ ....

h. Je fais plusieurs achats.

→ ....

146 Place du pronom *en*. Mettez ces phrases dans l'ordre.

Exemple : veux/avoir/ne/Je/pas/./en

→ **Je ne veux pas en avoir.**

a. beaucoup/./a/en/Elle/acheté → ....

b. un/vais/trouver/./Je/en → ....

c. en/Prends/-/!/un → ....

d. pas/peu/en/ne/Vous/?/apporter/voulez/un → ....

e. en/va/pas/ne/Il/gagner/. → ....

f. voulu/./pas/n'/Ils/en/ont → ....

g. train/en/sommes/en/d'/./Nous/faire → ....

h. trop/N'/pas/dépensez/ !/en → ....

147 Place du pronom. Transformez les phrases en employant le pronom *en*.

Exemple : Ils empruntent de l'argent.

→ **Ils en empruntent.**

a. Elle vient d'ouvrir un compte en banque.

→ ....

b. Il m'a donné dix euros.

→ ....

c. Vous êtes sur le point d'aller chercher des pièces ?

→ ....

d. Nous avons beaucoup trop de cartes de crédit.

→ ....

e. Tu vas bientôt gagner des sous ?

→ ....

f. J'exigerai une compensation financière !

→ ....

g. Il y a quelques inconvénients.

→ ....

h. Il ne va pas vouloir prendre de rendez-vous.

→ ....

148 Remplacez les mots soulignés par *l'*, *le*, *la*, *les*, *leur* ou *en*.

Exemple : Il prend <u>son portefeuille</u>. → **Il le prend.**

a. Ils ont vendu trois <u>appartements</u>. → ....

b. Elle a retiré <u>sa veste</u>. → ....

c. On va donner <u>l'exemple</u>. → ....

d. L'employée reçoit une <u>cliente</u>. → ....

e. Tu as donné des conseils <u>à tes amis</u>. → ....

f. Il veut vendre <u>mes bijoux</u>. → ....

g. Marlène va retirer de <u>l'argent</u>. → ....

h. Nous voyons <u>Madame Lambert</u> demain. → ....

54

149 Complétez les mots avec *en, em, an* ou *am*.

    Exemple :   Cet **em**ployé travaille trop l**en**tem**en**t.

a. Il dem.........de un crédit pour rénover sa ch.........bre.

b. Je vais rester p.........d.........t trois mois à Paris mais .... sept.........bre, je partirai à Londres.

c. La b.........que va fermer et on compte de nombreux lic.........ciem.........ts parmi les salariés.

d. Les g.........s exig.........t souv.........t des remerciem.........ts.

e. Cette cli.........te élég.........te att.........d pati.........m.........t depuis quar.........te minutes.

f. Une ....quête a lieu d.........s le service fin.........cier de notre établissem.........t.

g. Elles trouv.........t de l'arg.........t facilem.........t. Je ne sais pas comm.........t !

h. Quel t.........ps de chi......... ! Il ne faut pas sortir s.........s son parapluie !

150 Écoutez ces phrases et indiquez à quel(s) son(s) correspondent les lettres soulignées : *[a], [ã], [ə], [ɛ̃]*. **(Parfois, plusieurs réponses possibles.)**

    Exemple :   Il pleut beaucoup <u>en</u> sept<u>em</u>bre *[ã]*

a. C'est une f<u>em</u>me ruinée. [   ]

b. j'ai am<u>en</u>é ma fille aujourd'hui. [   ]

c. Ils m'ont regardé méch<u>amm</u><u>en</u>t. [   ], [   ]

d. Il a pl<u>an</u>ifié son travail. [   ]

e. Elle est v<u>en</u>ue avec son chi<u>en</u>. [   ], [   ]

f. Les collégi<u>en</u>s font du ski. [   ]

g. Ils parl<u>en</u>t beaucoup. [   ]

h. Nous voulons un pl<u>an</u> d'épargne logem<u>en</u>t. [   ], [   ]

VI. C'EST LES VACANCES !

A. QUELLE DESTINATION ?

151 Complétez les phrases à l'aide des mots proposés : *se baigner, serviettes, coups, bronzer, plage, sable, solaire, maillots, parasol*.

Pendant les vacances, nous allons tous les jours à la **plage**.
Pierre plante le ...., Sonia étale les ....
pendant que je mets de la crème .... pour ne pas attraper de
.... de soleil. Après ça, tout le monde va ....
Nous nageons et nous nous amusons dans l'eau un bon moment. À notre retour, nous
nous allongeons sur le .... pour .... Et
quand nos .... sont secs, nous rentrons à l'hôtel.

152 Rayez ce qui ne convient pas.
   Exemple :   J'aime **la mer**/~~la mère~~/~~le maire~~ quand il fait beau.
   a. La mer/La mère/Le maire de mon amie est une excellente nageuse.
   b. Les vacances au bord de la mer/la mère/le maire m'ennuient.
   c. La mer/La mère/Le maire a décidé d'interdire les pique-niques sur la plage.
   d. La mer/La mère/Le maire est agitée ce matin.
   e. Ils ont adoré la mer/la mère/le maire de Paul.
   f. Il est impossible de se baigner dans la mer/la mère/le maire du Nord.
   g. Nous avons écouté les bruits de la mer/la mère/le maire.
   h. Elle a parlé avec la mer/la mère/le maire de la pollution des eaux.

153 Complétez ce dialogue à l'aide des mots suivants si nécessaire : *y, aux, à la, à l', en, au, chez*.
   Exemple :   Vacances **à la** mer.
   a. – On va .... plage cet après-midi ?
   b. – Non, il y a du vent, je préfère aller .... cinéma.
   c. – Tu .... vas seule ?
      – Non, avec Laurent.
      – Et toi ?
   d. – Moi, je reste .... hôtel, je suis un peu malade.
   e. – Tu vas toujours .... toilettes toutes les cinq minutes ?
      – Oui, mais je viens de prendre un médicament.

f. Tu ne veux pas aller .... le médecin ?

   – Où ça ?

g. – ....ville. Je t'accompagne si tu veux.

h. – Non merci. Je préfère rester ici. J'...............irai demain peut-être.

154 Complétez ces phrases avec les articles qui conviennent.

Exemple : **Les** Pays-Bas ne sont pas loin de *la* France.

a. .... Cambodge se situe entre ....Thaïlande, ... Laos et .... Vietnam.

b. .... Chili est bordé par .... Bolivie, ... Pérou et .... Argentine.

c. .... Pologne est voisine de .... Allemagne.

d. .... Irlande est une île de l'Atlantique Nord.

e. .... Philippines sont dans le sud-est asiatique.

f. La capitale de .... Hongrie est Budapest.

g. .... Mozambique est sur le continent africain.

h. .... Espagne et .... Portugal sont voisins.

155 Soulignez le mot qui convient.

Exemple : Nous allons <u>en</u> – au – aux – à Autriche.

a. Elle habite en – au – aux – à Vénézuela.

b. Je passe mes vacances en – au – aux – à États-Unis.

c. Ils resteront en – au – aux – à Belgique cet été ?

d. Vous préférez partir en – au – aux – à Japon ?

e. On a très envie d'aller en – au – aux – à Cuba pour Noël.

f. Tu veux venir avec moi en – au – aux – à Grèce ?

g. Elles ont décidé de rentrer en – au – aux – à Mexique.

h. Il va partir en – au – aux – à Italie avec sa copine.

156 Complétez ces phrases à l'aide des mots qui conviennent.

Exemple : Elle partira *chez* sa grand-mère, *à* Sète.

a. Ils ont l'intention de partir .... Corse avec leur amis.

b. Je vais aller .... Petra .... Jordanie pour visiter les temples.

c. Il veut retourner .... camping de la plage .... Arcachon.

d. On vous conseille d'aller .... montagne pendant l'été, c'est fabuleux !

e. Nous irons .... sports d'hiver .... Suisse.

f. .... Japon, j'habite .... campagne.

g. J'aime aller .... marché quand je suis .... Provence.

h. Tu préfères rester .... ombre ou .... soleil ?

157 *Dans* ou *sur*. Soulignez le mot qui convient.

Exemple : Elle est restée dans – <u>sur</u> la plage toute la journée.

a. Nous avons passé l'hiver dans – sur la Côte d'Azur.

b. Ils se sont promenés dans – sur la rue pendant une heure.

c. Elle a choisi un hôtel avec vue dans – sur la mer !

d. Je suis allée danser dès mon arrivée pour me mettre tout de suite dans – sur l'ambiance.

e. Nous sommes dans – sur la route depuis six heures du matin.

f. Elles sont montées dans – sur le bus qui va à la mer.

g. Tu vas passer tes vacances dans – sur le Limousin cette année ?

h. Il y a beaucoup de monde dans – sur les pistes ce matin.

B. PROVENANCE ET DESTINATION

158 **Escales. Complétez ces phrases à l'aide des mots qui conviennent.**

Exemple : Elle arrive **du** Canada et elle repart **en** Hollande.

a. Elle vient .... Espagne et elle va .... États-Unis.

b. Je suis .... Cuba et je vis .... Portugal.

c. On est originaires .... Maroc et on habite .... Italie.

d. Tu viens .... Londres ? – Non, je vis .... Dublin.

e. Il arrive .... Pays-Bas et il retourne .... Venezuela.

f. Le train en provenance .... Nice est entré en gare.

g. Elle s'est enfuie .... Russie il y a 25 ans. Elle vit .... Pologne aujourd'hui.

h. Nous venons .... Chine. Nous sommes nés .... Pékin.

159 **Provenances. Complétez ces phrases à l'aide des mots qui conviennent.**

Exemple : Ils sont descendus **du** train.

a. Il est sorti .... voiture.

b. Elle rentre .... bureau vers neuf heures.

c. Vous venez .... gare ?

d. Tu arrives .... aéroport ?

e. Oui, j'............... viens.

f. Je suis parti .... Paul vers sept heures.

g. Elles se sont sauvées .... camping.

h. Nous rentrons juste .... vacances !

C. ORGANISER SON SÉJOUR

160 **Présent, passé, futur. Conjuguez les verbes entre parenthèses au temps qui convient.**

Je **serai** (être) bientôt en vacances.

Je ne .... (savoir) pas encore quoi faire. J'.................. (avoir) bien envie de partir à la montagne. L'année dernière, j'...................... (détester) mon séjour à la mer. J'..................... (devoir) me battre tous les jours pour trouver une place sur la plage et je .... (rentrer) de vacances plus fatigué qu'au départ.

La montagne me .... (faire) beaucoup de bien. Je .... (marcher) le jour et je .... (dormir) la nuit dans des refuges.

161 Organiser un voyage en train. Cochez *vrai* ou *faux*.

Exemple : La SNCF est la Société nationale des chemins de fer français.

1. ☒ *vrai*   **2.** ☐ faux

a. On achète les billets au guichet.   **1.** ☐ vrai   **2.** ☐ faux

b. Les trains s'arrêtent dans des stations.   **1.** ☐ vrai   **2.** ☐ faux

c. Avant de monter dans un train, il faut donner son billet au conducteur. **1.** ☐ vrai   **2.** ☐ faux

d. La personne qui vérifie les billets s'appelle un contrôleur.   **1.** ☐ vrai   **2.** ☐ faux

e. Un billet pour un seul voyage s'appelle un aller singulier.   **1.** ☐ vrai   **2.** ☐ faux

f. Le TGV est un train très rapide.   **1.** ☐ vrai   **2.** ☐ faux

g. Une place assise s'appelle une réservation.   **1.** ☐ vrai   **2.** ☐ faux

h. Tous les voyageurs payent le même tarif.   **1.** ☐ vrai   **2.** ☐ faux

162 *À* ou *en*. Rayez ce qui ne convient pas.

Exemple : Nous sommes partis ~~à~~/**en** train.

a. J'adore la randonnée à/en cheval.

b. Il a fait le tour de la Corse à/en pied.

c. Tu viens faire une promenade à/en voiture ?

d. Je préfère traverser l'Atlantique à/en bateau.

e. Ils ont parcouru 35 kilomètres à/en vélo.

f. Tu choisis de t'y rendre à/en avion !

g. Ça vous tente de faire un grand voyage à/en moto ?

h. Elles sont descendues au village à/en rollers.

163 Les prépositions devant les pronoms toniques. Complétez les phrases à l'aide des mots proposés : *avant, avec, à, pour, contre, chez, sans, de, devant*.

Exemple : Nous avons vu un spectacle fabuleux. Un merveilleux paysage est apparu **devant** nous.

a. C'est l'anniversaire d'Élodie. J'ai un cadeau .... elle.

b. Je n'aime pas ce candidat. J'ai voté .... lui.

c. Tout ce que je possède t'appartient. Tout est .... toi.

d. Vous avez gagné la course. Vous êtes arrivé .... elles.

e. Philippe m'héberge. J'habite .... lui.

f. Ils nous ont envoyé une carte postale. Nous avons reçu une carte postale ....eux.

g. Nous devons partir ensemble. Je ne peux pas partir .... vous.

h. Nous sommes ensemble. Il est .... moi.

164 *Avant* ou *devant*. Rayez ce qui ne convient pas.

Exemple : Le mardi est **avant**/~~devant~~ le jeudi.

a. Il faut venir avant/devant midi.

b. La meilleure façon de marcher, c'est de mettre un pied avant/devant l'autre.

c. Elle est restée muette avant/devant ce monument.

d. Avant/Devant l'heure, ce n'est pas l'heure.

e. Restez avant/devant nous, c'est plus sûr.

f. Elle est née avant/devant moi. C'est l'aînée de la famille.

g. Je suis arrivé avant/devant vous. J'ai eu plus de vacances.

h. Ils se sont disputés avant/devant les clients.

165 Les pronoms toniques. Complétez les phrases.

Exemple : **Moi**, j'aime voyager !

a. Franck et Corinne m'ennuient. Je ne veux pas partir avec ....

b. Salut ! Je m'appelle Martin. Et .... ?

c. Laurence adore son mari. Elle est folle de ....

d. Pourquoi elles ont le droit de sortir, ... ?

e. ...., on préfère partir en train !

f. Vous êtes gentils de m'emmener avec ....

g. Je pars avec Stéphanie. .... et moi, on s'entend bien.

h. J'ai acheté de la crème solaire pour .... deux. Alors, ne nous battons pas !

166 *Y* ou pronom tonique. Répondez aux questions.

Exemple : Vous tenez à votre fille ? → Oui, nous **tenons à elle.**

a. Elle s'intéresse à l'architecture orientale ? → Non, elle ....

b. Ils pensent à leurs enfants ? → Oui, ils ....

c. Vous faites attention à votre fils ? → Oui, nous ....

d. Vous tenez beaucoup à cet appareil photo ? → Oui, j' ....

e. Vous vous habituez à cet animateur ? → Oui, nous ....

f. Il a pensé à prendre la boussole ? → Oui, il ....

g. Tu t'habitues au camping sauvage ? → Non, je ....

h. On va renoncer à ce voyage ? → Non, on ....

167 Écoutez et cochez la bonne réponse.

Exemple : Vous tenez à votre fille ?

      1. ☒ *Oui, nous tenons à elle.*   **2.** ☐ Oui, nous y tenons.

a. **1.** ☐ Oui, je leur ai téléphoné.   **2.** ☐ Oui, j'y ai téléphoné.

b. **1.** ☐ Oui, j'y ai pensé.   **2.** ☐ Oui, j'ai pensé à lui.

c. **1.** ☐ Oui, il y a écrit.   **2.** ☐ Oui, il lui a écrit.

d. **1.** ☐ Oui, nous nous sommes habitués à lui.   **2.** ☐ Oui, nous nous y sommes habitués.

e. **1.** ☐ Oui, je lui ai répondu.   **2.** ☐ Oui, j'y ai répondu.

f. **1.** ☐ Oui, il lui plaît.   **2.** ☐ Oui, il leur plaît.

g. **1.** ☐ Oui, nous y renoncerons.   **2.** ☐ Oui, nous renoncerons à lui.

h. **1.** ☐ Oui, elle tient à elles.   **2.** ☐ Oui, elle y tient.

168 Répondez aux questions en choisissant le pronom qui convient.

Exemple : Vous avez raté l'avion ? → Oui, **nous l'avons raté.**

a. Tu enverras une carte postale ? → Oui, j' ....

b. Vous avez réservé les places de train ? → Oui, nous ....

c. Elle est allée prendre les billets ? → Non, elle ....

d. Tu as parlé au responsable de l'hôtel ? → Oui, je ....

e. Il a pensé à prendre son sac à dos ? → Non, il ....

f. Ils ont parlé du programme ? → Non, ils ....

g. Tu penses à ta mère ? → Oui, je ....

h. Tu as vu la mer ? → Oui, je ....

D. RACONTER SON SÉJOUR

169 Le camping. Reliez les mots à leur définition.

a. habitat en toile

b. habitat qu'on accroche à la voiture

c. pour dormir

d. pour transporter ses affaires

e. pour s'éclairer

f. pour fixer la toile dans le sol

g. pour conserver l'eau

h. pour cuisiner

1. un sac de couchage

2. un camping-gaz

3. une tente

4. une sardine

5. un sac à dos

6. une gourde

7. une lampe-torche

8. une caravane

170 Vous détestez le camping. Vous écrivez une carte postale à vos amis pour leur raconter vos vacances au « Camping de la plage ».

171 Mettez les accents circonflexes sur les mots qui conviennent.

Une journée de rêve.

Nous avons visité un chateau magnifique. Tout autour, il y a une foret de chenes. Nous y

avons mangé des crepes et des peches bien mures. Quel gout délicieux !

Après, nous avons fait une sieste sous les arbres.

J'adore les vacances au mois d'aout !

....

....

....

....

....

....

....

172 Notez uniquement les mots que vous entendez qui ont un accent circonflexe.

Exemple : fenêtre

a. ....   e. ....

b. ....   f. ....

c. ....   g. ....

d. ....   h. ....

173 Soulignez la proposition principale.

Exemple : <u>Les vacances</u> que nous avons passées <u>ont été extraordinaires</u> !

a. C'est un voyage qui coûte cher.

b. Le pays où je suis allée est absolument superbe !

c. La femme qui travaille à l'agence de voyage est très gentille.

d. Le monument que nous allons visiter demain est célèbre dans le monde entier.

e. C'est un village dont les habitants parlent une langue que personne d'autre ne comprend

f. Il faut absolument visiter les ruines qui se trouvent à quelques kilomètres.

g. L'hôtel où nous logeons est très confortable.

h. J'ai lu un guide touristique que je vous recommande.

174 Faites deux phrases à partir de la phrase donnée.

Exemple : Tu vois le village qui est sur la carte ?

    → *Tu vois le village ? Le village est sur la carte.*

a. Il y a une région qui me semble très belle.

→ ....

b. Nous avons découvert un paysage qui est absolument splendide !

→ ....

c. C'est un château que je rêve de visiter.

→ ....

d. Vous avez logé dans un hôtel que je connais bien.

→ ....

e. Ce sont des lieux où la nature est reine.

→ ....

f. Tu te rappelles la ville où nous sommes restés ?

→ ....

g. Il a pleuré le jour où tu es partie.

→ ....

h. Julien est né l'année où elles ont fait le tour du monde.

→ ....

175 **Faites une phrase à l'aide du pronom relatif** *qui*.

Exemple : Elle a réservé une chambre. Cette chambre contient deux lits.

→ ***Elle a réservé une chambre qui contient deux lits.***

a. Ils ont choisi un guide. Ce guide parle cinq langues.

→ ....

b. Tu veux manger dans un restaurant. Ce restaurant propose du poisson.

→ ....

c. Nous prendrons un train. Ce train sera direct.

→ ....

d. On a loué une maison. Cette maison a appartenu à mes ancêtres.

→ ....

e. Je passe mes vacances dans une ferme. Cette ferme accueille des citadins pendant l'été.

→ ....

f. Vous avez acheté du matériel de camping. Ce matériel semble très solide.

→ ....

g. Il a repéré une auberge. Cette auberge fait chambre d'hôte.

→ ....

h. Elles sont dans un camping. Ce camping offre tout le confort moderne.

→ ....

176 **Faites une phrase à l'aide du pronom relatif** *que*.

Exemple : La tente est très solide. Nous avons acheté une tente.

→ ***La tente que nous avons achetée est très solide.***

a. La randonnée est trop longue. Tu as organisé la randonnée.

→ ....

b. C'est un voyage. Je ne referai plus ce voyage.

→ ....

c. Nous avons pris une route. Nous ne connaissons pas cette route.

→ ....

d. La chambre est trop chère. J'ai réservé cette chambre.

→ ....

e. Ils découvrent une région. Ils n'ont jamais visité cette région.

→ ....

f. On a visité des lieux. On n'oubliera jamais ces lieux.

→ ....

g. Vous avez des photos. Je veux voir ces photos.

→ ....

h. C'est un pays. Tu as déjà visité ce pays.

→ ....

127 *Qui* ou *que*. **Choisissez le pronom relatif qui convient.**

    Exemple : C'est un paysage *que* je trouve fantastique.

a. Ils ont proposé une excursion .... est très intéressante.

b. J'ai envie de faire une balade jusqu'à l'endroit .... j'ai vu l'autre jour et ....
n'est pas sur la carte.

c. Elle choisit des destinations .... me font horreur.

d. Le guide .... tu m'as prêté est très imprécis.

e. Tous les hôtels .... vous voyez sont climatisés.

f   La saison .... commence est très prometteuse.

g. Les vacanciers .... le souhaitent peuvent apprendre à nager.

h. Les chiffres .... tout le monde attend sont ceux de l'office du tourisme.

128 **Faites une phrase à l'aide du pronom relatif** *où*.

    Exemple : C'est un hôtel. Le personnel, dans cet hôtel, parle français.

       → ***C'est un hôtel où le personnel parle français.***

a. C'est un endroit. Le soleil brille toute l'année dans cet endroit.

→ ....

b. La plage est à cinq minutes de l'hôtel. Vous irez sur cette plage.

→ ....

c. J'adore les pays. Il fait froid dans ces pays.

→ ....

d. On a loué un gîte. Nous pouvons loger six personnes dans ce gîte.

→ ....

e. Il a découvert un lieu magique. Nos vacances seront inoubliables dans ce lieu.

→ ....

f. Vous connaissez un magasin. On pourra acheter une carte de la région dans ce magasin.

→ ....

g. Elle est restée dans une ville. Les gens sont charmants dans cette ville.

→ ....

h. Je nage dans une piscine. Il n'y a personne dans cette piscine.

→ ....

179 Mettez les phrases dans l'ordre.

Exemple : jour/,/sommes/des/Le/partis/où/a/./nous/plu/cordes/il

→ *Le jour où nous sommes partis, il a plu des cordes.*

a. diplôme/a/fait/où/eu/Tu/monde/le/as/tour/année/./du/son/l'/Paul

→ ....

b. entré/a/son/où/./renoncé/Elle/moment/pièce/à/la/voyage/au/il/dans/est

→ ....

c. ./le/as/composté/a/train/ton/Tu/billet/à/démarré/instant/l'/où

→ ....

d. avons/seconde/avons/les/Nous/à/où/notre/vu/choisi/photos/nous/destination/la/.

→ ....

e. j'/minute/avis/acheté/ai/la/changé/./d'/à/où/billet/J'/mon/ai

→ ....

f. rentré/travail/La/j'/ai/semaine/./eu/es/de/où/tu/beaucoup

→ ....

g. se/à/Ils/où/autres/couchent/se/heure/les/./lèvent/l'

→ ....

h. l'/venus/première/chaud/êtes/où/si/fait/Vous/a/la/fois/./été/il

→ ....

180 Complétez librement les phrases suivantes.

Exemple : C'est une ville où *les touristes adorent se promener.*

a. Ils testent tous les restaurants qui ....

b. On a pêché un crabe que ....

c. C'est une région qui ....

d. Ils ont trouvé un camping où ....

e. J'ai loué un bateau que ....

f. Tu as organisé une visite le jour où ....

g. Ce village a des maisons que ....

h. Elles ont photographié des paysages qui ....

VII. MAISON MODE D'EMPLOI

A. LA RECHERCHE D'UN LOGEMENT

181 **Complétez le texte avec les mots proposés :** *pavillon, loyer, caution, H.L.M., locataire, quittance, propriétaire, bail, immeubles.*

    Exemple : Un **propriétaire** est une personne qui a acheté un logement.

a. Quelquefois, une autre personne habite le logement et donne de l'argent, chaque mois, au propriétaire. C'est le ....

b. Cette somme d'argent s'appelle le ....

c. À cette occasion, le propriétaire donne une .... de loyer qui prouve que le logement a été payé.

d. Le contrat qui unit le propriétaire et le locataire se nomme le ....

e. Le propriétaire demande souvent une ....

f. C'est une garantie financière que le propriétaire garde si, par exemple, le locataire abîme le logement. Les appartements sont, en principe, dans des ....

g. Un .... est une maison.

h. Une .... est un logement social. Le prix est basé sur les revenus des habitants.

182 **Cochez la bonne réponse.**

    Exemple : Un logement qui n'est pas conforme aux règles sanitaires s'appelle
        1. ☒ *un logement insalubre*.   **2.** ☐ un logement sale.

a. Quand vous quittez un logement,
    1. ☐ vous déménagez.   **2.** ☐ vous emménagez.

b. Quand vous cherchez un logement, vous pouvez aller dans
    1. ☐ une agence matrimoniale.   **2.** ☐ une agence immobilière.

c. Une cuisine intégrée à la salle de séjour s'appelle
    1. ☐ une cuisine aménagée.   **2.** ☐ une cuisine américaine.

d. Une aide financière pour payer le loyer s'appelle
    1. ☐ une allocation logement.   **2.** ☐ une allocation d'habitation.

e. Un appartement d'une seule pièce s'appelle
    1. ☐ un studio.   **2.** ☐ un atelier.

f. Quand vous vous installez dans un logement,
    1. ☐ vous aménagez.   **2.** ☐ vous emménagez.

g. Un appartement avec des meubles s'appelle
    1. ☐ un meublé.   **2.** ☐ un immeuble.

h. Une cuisine avec une cuisinière, un réfrigérateur, etc., s'appelle
    1. ☐ une cuisine équipée.   **2.** ☐ une cuisine aménagée.

183 Écoutez et reliez les annonces avec la demande qui correspond.

a. Location ; quartier résidentiel ; appt. clair, gd séjour,
2 chamb. gde cuis. _____

b. Vente ; pavillon 1960, séjour de 60 m², 5 chamb.,
3 sdb, gde cuis., gd jardin.   1.

c. Gde pièce lumineuse, belle hauteur sous plafond,   2.
cuisine américaine, tout confort.   3.

d. À louer de suite, appt. spacieux, tout confort, séjour,   4.
4 chamb., 2 sdb, cuis. équip., immeub. gd stand.   5.

e. Magnifique manoir du XVIIᵉ, salon, salle à manger, 6.
5 chamb., 5 sdb., gde cuis., bibliothèque, cellier, parc 2 ha.   7.

f. À saisir petit appt. clair proche tous commerces.   8.

g. 15 m², W.C., lavabo, 5ᵉ ét. ss asc.

h. Location saisonnière. Belle maison de 4 pièces, piscine,
sud-ouest, libre juil.

B. LES TRAVAUX

184 Les métiers du bâtiment. Cochez la bonne réponse.

Exemple : Il conçoit la maison.
1. ☐ le maquettiste   **2.** ☒ *l'architecte*

a. Il s'occupe des prises, des câbles et des fusibles.
1. ☐ l'électronicien   **2.** ☐ l'électricien

b. Il donne de belles couleurs aux murs.
1. ☐ le peintre   **2.** ☐ le coloriste

c. Il s'occupe du circuit de l'eau.
1. ☐ le plombier   **2.** ☐ le pompier

d. Il fabrique et installe les fenêtres, les portes, les plinthes.
1. ☐ l'ébéniste   **2.** ☐ le menuisier

e. Il s'occupe de la chaudière et des radiateurs.
1. ☐ le chauffeur   **2.** ☐ le chauffagiste

f. Il fait entrer la lumière du jour.
1. ☐ le vitrier   **2.** ☐ le verrier

g. Il fait la charpente du toit.
1. ☐ le décorateur   **2.** ☐ le charpentier

h. Il construit les murs et les cloisons.
1. ☐ le maçon   **2.** ☐ le carreleur

185 **Complétez ces phrases avec les verbes proposés :** *remplacer, poser, tondre, installer, dessiner, réparer, scier, percer, repeindre.*

> *Exemple :* L'architecte va **dessiner** les plans de la maison.

a. Hector et Philippe vont .... du papier peint.

b. Les copropriétaires ont décidé d'................................... un ascenseur.

c. Tu veux .... un trou dans le mur ?

d. Je vais .... la cuisine en jaune.

e. Le menuisier doit .... ces planches de bois.

f. Nous allons .... la moquette par du parquet.

g. Le jardinier va .... la pelouse.

h. Ils doivent .... la chaudière qui est en panne.

186 *Faire faire.* **Transformez les phrases comme dans l'exemple.**

> *Exemple :* Nous faisons remplacer un radiateur par le chauffagiste.
> → **Le chauffagiste remplace un radiateur.**

a. Tu feras remplacer la serrure par Monsieur Thomatis ?

→ ....

b. J'ai fait changer la porte par un menuisier.

→ ....

c. Ils vont faire repeindre leur appartement par la Société Gribouille.

→ ....

d. On n'a pas fait réparer la fenêtre par lui.

→ ....

e. Elle fait décorer sa maison par une décoratrice géniale !

→ ....

f. Vous allez faire faire vos meubles par un ébéniste ?

→ ....

g. Nous venons de faire carreler la cuisine par un jeune ouvrier.

→ ....

h. Il m'a fait changer toutes les fenêtres.

→ ....

187 *Faire faire.* **Répondez aux questions comme dans l'exemple.**

> *Exemple :* Elle veut refaire la plomberie elle-même ?
> → Non, elle **veut faire refaire la plomberie.**
> → Non, elle **veut la faire refaire.**

a. Tu as repeint la salle de bains toi-même ?

→ Non, j'...

→ Non, je ....

b. Ils ont abattu une cloison eux-mêmes ?

→ Non, ils ....

→ Non, ils ....

c. Vous avez envie de changer la moquette vous-mêmes ?

→ Non, nous ....

→ Non, nous ....

d. Elle va faire tous ces travaux elle-même ?

→ Non, elle ....

→ Non, elle ....

e. Tu penses pouvoir installer cet appareil toi-même ?

→ Non, je ....

→ Non, je ....

f. Il veut poncer le portail lui-même ?

→ Non, il ....

→ Non, il ....

g. Elles vont aménager le grenier elles-mêmes ?

→ Non, elles ....

→ Non, elles ....

h. Vous souhaitez vérifier l'installation électrique vous-même ?

→ Non, je ....

→ Non, je ....

C. LE DÉMÉNAGEMENT

188 Soulignez tous les mots qui représentent ce qui est utile pendant un déménagement. (Plusieurs réponses possibles.)

Exemple : <u>un camion</u> – une voiture – un vélo

a. des cartons – des boîtes – des sacs plastiques

b. du ruban adhésif – de la colle – des sangles

c. du papier journal – du papier peint – du papier d'aluminium

d. des ciseaux – un cutter – une lime

e. des couvertures – des couettes – des draps en dentelle

f. des costauds – des gringalets – des déménageurs

g. un démon – un ange – un diable

h. des charentaises – des baskets – des tongs

189 Notez les actions de 1 à 8 pour rétablir l'ordre chronologique.

a. les charger dans le camion (   )

b. décharger le camion à l'arrivée (   )

c. trouver des amis forts et sympas (   )

d. pendre la crémaillère (   )

e. mettre les affaires dans des cartons (   )

f. déballer ses affaires et s'installer (   )

g. louer un camion (   )

h. les scotcher (   )

190 Retrouvez l'infinitif des verbes soulignés.

Exemple : Ils ont pris tous les cartons. → **prendre**

a. Il a ouvert le coffre. → ....

b. Nous faisons beaucoup d'efforts depuis ce matin. → ....

c. Vous avez pu mettre tous les meubles dans le camion ? → ....

d. Tiens ! C'est trop lourd ! → ....

e. Il ira là-bas dans cinq minutes. → ....

f. J'ai su tout de suite conduire la camionnette. → ....

g. Il veut que je prenne trois cartons à la fois ! → ....

h. Ils signeront quand ils auront lu le contrat. → ....

191 Faites des phrases avec *avant de* + infinitif.

Exemple : Trouver un appartement./Déménager.

→ **Avant de déménager, il faut trouver un appartement.**

a. Lire le bail./Signer.

→ ....

b. Faire des économies./Faire faire des travaux.

→ ....

c. Écrire une lettre pour informer le propriétaire./Quitter un appartement.

→ ....

d. Appeler les copains./Louer un camion.

→ ....

e. Remplir les cartons./Fermer les cartons.

→ ....

f. Finir les travaux./Acheter les meubles.

→ ....

g. Vider tous les cartons./Nettoyer.

→ ....

h. Être bien installé./Pendre la crémaillère.

→ ....

192 Faites des phrases avec *avant que* + subjonctif présent.

Exemple : Je dois téléphoner./Vous prenez votre décision.

→ **Je dois téléphoner avant que vous (ne) preniez votre décision.**

a. Nous voulons emménager./Les travaux sont finis.

→ ....

b. Il apporte les cartons./Je sais où les mettre.

→ ....

c. Je vais tondre la pelouse./Elle est trop haute.

→ ....

d. Vous pouvez salir./Je fais le ménage.

→ ....

e. Tu dois visiter le studio./Il est trop tard.

→ ....

f. Elle veut changer la serrure./Ils reviennent.

→ ....

g. Nous allons parler au propriétaire./Les problèmes s'aggravent.

→ ....

h. Ils souhaitent passer à l'agence./Elle ferme.

→ ....

193 **Complétez les phrases suivantes en utilisant** *avant, avant de* **ou** *avant que.*

  Exemples : Nous mangeons *avant* l'heure.

      Nous mangeons *avant de* commencer la réunion.

      Nous mangeons *avant qu'*ils (n')arrivent.

a. Prenez les cartons .... l'arrivée du camion.

b. .... ranger la maison, on doit se reposer un peu.

c. Il va tomber .... je (ne) puisse l'avertir.

d. On a coupé l'eau et l'électricité .... partir.

e. Les caisses sont arrivées .... nous.

f. Une heure .... venir, il s'est cassé le bras.

g. Elle parle .... tu (ne) dises n'importe quoi.

h. Juste .... la signature du bail, j'ai douté.

D. L'ENTRETIEN DU LOGEMENT

194 **Écrivez les verbes à l'infinitif passé.**

  Exemples : rester → *être resté*

      changer → *avoir changé*

a. faire → ....

b. mettre → ....

c. prendre → ....

d. aider → ....

e. pouvoir → ....

f. venir → ....

g. ouvrir → ....

h. finir → ....

195 **Reliez les actions à leur définition.**

a. Faire le ménage.

b. Passer l'aspirateur.

c. Faire la vaisselle.

d. Épousseter.

e. Faire les carreaux.

f. Balayer.

g. Ranger.

h. Cirer.

1. Enlever la poussière des meubles.

2. Enlever la poussière du sol avec un appareil.

3. Remettre les choses à leur place.

4. Laver les vitres des fenêtres.

5. Passer un produit sur les meubles en bois ou le parquet.

6. Nettoyer le logement.

7. Laver les assiettes, les verres, les couverts, etc.

8. Enlever la poussière du sol avec un balai.

196 **Complétez le texte avec les mots proposés :** *serpillière, seau, balai, chiffon, éponge, aspirateur, brosse, produit d'entretien, poubelle.*

Le samedi, c'est mon jour de ménage. D'abord, je passe un **chiffon** sur tous les meubles de la maison pour enlever la poussière. Ensuite je passe une .... sur les placards de la cuisine et sur la cuisinière. Je vide la .... Puis je remplis le .... d'eau chaude et j'y verse le .... Je passe la .... sur tous les sols carrelés et je rince avec une .... humide posée sur un .... Dans le salon je passe l'............................ sur la moquette. Après, je sors dans le jardin et je ne fais plus rien pendant une heure.

197 **Complétez les phrases à l'aide des verbes entre parenthèses.**

   Exemple :   Je pense ***avoir fait*** (faire) le bon choix.

   a. Elle est partie sans .... (nettoyer) l'appartement.
   b. Nous sommes sûrs d'............................ (ranger) notre chambre.
   c. Tu as peur d'............................ (salir) la salle de bains ?
   d. Il nie .... (prendre) le chiffon de poussière.
   e. J'ai été renvoyé pour .... (vouloir) aider Mathieu à faire le ménage !
   f. Vous affirmez .... (descendre) les poubelles ?
   g. Ils avouent .... (casser) les verres.
   h. Je me souviens d' .... (sortir) secouer mon balai.

198 *Après/Après que.* **Complétez les phrases.**

   Exemples :   Nous sommes partis ***après*** vous.
   Nous sommes partis ***après que*** Paul a parlé.
   Nous sommes partis ***après*** avoir salué tout le monde.

   a. Il y a encore trois valises à monter .... ça.
   b. Elles ont voulu nous aider .... Marc a expliqué notre problème.
   c. Tu as changé d'avis .... t'être totalement installée.
   d. .... avoir mangé, nous continuerons un peu.
   e. Ils se sont séparés .... l'anniversaire de Louis.
   f. .... nous avons déménagé, les ennuis ont commencé.
   g. .... avoir fermé ces caisses, on les descend.
   h. Il a refusé de venir à ma fête .... Marion s'est cassé le bras.

E. AMÉNAGER SON LOGEMENT

199 **Antériorité ou postériorité. Faites des phrases avec les informations proposées.**

   a. Déposer le carton de verres dans la cuisine.
   b. Ouvrir le carton de verres.
   c. Déballer les verres.
   d. Laver les verres.

e. Essuyer les verres.

f. Jeter le carton vide.

g. Ranger les verres dans le placard.

h. Aller chercher un autre carton.

Après avoir déposé le carton de verres dans la cuisine, je l'ai ouvert. ....

....

....

....

....

200 **Reliez les meubles à leur définition.**

a. Pour ranger les livres.

b. Meuble à tiroirs.

c. Siège sans dossier ni accoudoirs.

d. Bureau escamotable.

e. Pour suspendre les vêtements.

f. Pour ranger la vaisselle dans la cuisine.

g. Siège confortable pour une personne.

h. Planche de bois fixée au mur.

1. un fauteuil

2. une penderie

3. une étagère

4. une bibliothèque

5. un tabouret

6. un placard

7. un secrétaire

8. une commode

201 **Cochez la bonne matière.**

Exemple : un canapé **1. ☒ *en cuir*** **2. ☐ en bois**

a. un fauteuil   **1.** ☐ en tissu   **2.** ☐ en porcelaine

b. une cuillère   **1.** ☐ en carton   **2.** ☐ en inox

c. une table   **1.** ☐ en verre   **2.** ☐ en papier

d. un secrétaire   **1.** ☐ en chêne   **2.** ☐ en toile

e. une cheminée   **1.** ☐ en plastique   **2.** ☐ en marbre

f. un matelas   **1.** ☐ en mousse   **2.** ☐ en métal

g. une armoire   **1.** ☐ en fer   **2.** ☐ en bronze

h. une commode   **1.** ☐ en soie   **2.** ☐ en pin

202 **Complétez les phrases à l'aide de** *avant, avant de, avant que, après, après que.*

Exemple : **Avant que** tu (ne) choisisses les tissus, je t'emmène dans un super magasin !

a. La décoratrice s'est décidée .... avoir visité tous les antiquaires de la région.

b. .... choisir la couleur du salon, j'ai acheté le canapé.

c. Elle a envie d'acheter la table .... les soldes. Quel dommage !

d. .... Paul a posé le carrelage, il a eu le dos coincé.

e. On nous a livré les meubles .... la fin des travaux ! Tu comprends mon problème ?

f. .... tu (ne) fasses des folies, je t'informe que tu n'as plus un sou !

g. .... être sortie du magasin, elle est rentrée chez elle.

h. Loue ta maison .... la vendre !

F. L'ÉLECTROMÉNAGER

203 Cochez les actions qui correspondent à l'utilisation des objets proposés.

Exemple : une souris
- **1.** ☐ pour finir les restes de fromage
- **2.** ☒ *pour déplacer les objets sur l'écran de l'ordinateur*

a. un lecteur DVD
- **1.** ☐ pour regarder des films
- **2.** ☐ pour lire des livres

b. un micro-ondes
- **1.** ☐ pour enregistrer sa voix
- **2.** ☐ pour (ré)chauffer des plats

c. un portable
- **1.** ☐ pour manger n'importe où
- **2.** ☐ pour téléphoner

d. un lave-linge
- **1.** ☐ pour laver les vêtements
- **2.** ☐ pour laver la vaisselle

e. un graveur
- **1.** ☐ pour enregistrer du texte, des images et du son
- **2.** ☐ pour changer le son de sa voix au téléphone

f. l'A.D.S.L.
- **1.** ☐ pour sécher les vêtements
- **2.** ☐ pour se connecter à Internet

g. un réfrigérateur
- **1.** ☐ pour modifier la température du logement
- **2.** ☐ pour conserver les aliments

h. un robot
- **1.** ☐ pour passer l'aspirateur
- **2.** ☐ pour couper ou mélanger les aliments

204 Reliez les actions contraires.

a. brancher	1. éteindre
b. allumer	2. retirer
c. régler	3. se déconnecter
d. graver	4. relâcher
e. se connecter	5. débrancher
f. abîmer	6. dérégler
g. insérer	7. réparer
h. appuyer	8. effacer

205 Complétez les phrases à l'aide des verbes proposés pour compléter ce mode d'emploi : *retirer, appuyer, éteindre, sélectionner, insérer, régler, enregistrer, graver, allumer.*

Exemple : Pour *graver* un cédérom,

a. .... l'ordinateur,

b. .... sur la touche bleue,

c. .... le disque vierge,

d. .... la fonction « enregistrement »,

e. .... les paramètres,

f. .... les données,

g. .... le disque gravé.

h. Ne pas oublier d'.................................. l'ordinateur après usage.

206 Notez *(D)* pour indiquer si la phrase exprime la durée et *(S)* pour indiquer si elle exprime la simultanéité.

   Exemple :   La télé est tombée en panne au moment de son installation. **S**

a. Pendant que tu répares le lave-linge, je vais au cinéma. (   )

b. Il a réglé l'appareil pendant trois heures. (   )

c. Pendant son sommeil, j'ai installé la machine. (   )

d. Il a débranché et allumé l'ordinateur en même temps. (   )

e. Pendant des jours nous avons essayé de faire fonctionner ce truc. (   )

f. J'ai réglé le réveil et il est arrivé à ce moment-là. (   )

g. Ils ont programmé l'enregistrement en un rien de temps. (   )

h. Lors de son intervention, le technicien a téléphoné à son patron. (   )

207 Écoutez et cochez les phrases qui indiquent la simultanéité.

   Exemple :   ☒

a. ☐   e. ☐

b. ☐   f. ☐

c. ☐   g. ☐

d. ☐   h. ☐

208 Formation du gérondif. Transformez les infinitifs en gérondifs.

   Exemple :   aller → *en allant*

a. faire → ....   e. être → ....

b. croire → ....   f. savoir → ....

c. mettre → ....   g. connaître → ....

d. finir → ....   h. avoir → ....

209 Transformez les phrases selon le modèle.

   Exemple :   Je téléphone et je marche en même temps.

                → *Je téléphone en marchant*

a. Les enfants jouent et mangent simultanément.

→ ....

b. Il a réparé le robot et il a chanté pendant tout ce temps.

→ ....

c. Durant notre retour, nous avons lu les explications.

→ ....

d. Tu parles pendant ton sommeil.

→ ....

e. Quand on a installé l'ordinateur, on a écouté de la musique.

→ ....

f. Vous allez rejoindre Paul pendant que vous allez au magasin ?

→ ....

g. Ils font des grimaces lorsqu'ils parlent.

→ ....

h. Le réparateur siffle quand il travaille.

→ ....

210 **Complétez les phrases à l'aide des mots proposés :** *avant* **(2 fois)**, *lors de, avant de,*
après **(2 fois)**, *dès que, pendant que, en posant.*

Exemple : Peu de temps *avant* les fêtes, ils ont fait des achats.

a. .... acheter leur lecteur DVD, ils se sont renseignés.

b. Ils ont regardé tous les modèles .... des questions au vendeur.

c. .... s'être décidés, ils sont allés payer à la caisse.

d. Mais .... ils attendaient dans la file, ils ont vu un autre modèle.

e. Ils sont retournés voir le vendeur .... ils ont été sûrs de leur choix.

f. .... leur passage à la caisse, l'employée a été très désagréable.

g. .... quelques minutes,

h. ils ont décidé de ne rien acheter .... Noël.

A. CHERCHER UN TRAVAIL

211 Complétez le texte à l'aide des mots proposés : *motivation, annonces, emploi, chômage, C.V., travail, personnel, A.N.P.E., entretien.*

Quelqu'un qui recherche un **travail** est au ....

Pour trouver un ...., il faut lire les .... dans

les journaux ou sur Internet, aller régulièrement à l'................................ et envoyer

des lettres de .... et des ....

L'objectif premier est d'obtenir un .... avec le responsable du

....

212 Reliez ces sigles à ce qu'ils représentent.

a. D.R.H.
b. C.V.
c. C.D.D.
d. A.S.S.E.D.I.C.
e. P.M.E.
f. A.N.P.E.
g. F.P.C.
h. C.D.I.

1. C'est un contrat de travail à durée limitée.
2. C'est un contrat de travail à durée illimitée.
3. C'est le responsable du personnel.
4. C'est l'agence qui aide les chômeurs à retrouver un emploi.
5. C'est l'assurance chômage.
6. C'est ce qui permet aux gens de continuer à se former professionnellement.
7. C'est une entreprise de petite ou de moyenne importance.
8. C'est un document écrit qui présente le parcours scolaire et professionnel d'un candidat.

213 Rayez l'intrus.

Exemple : un salarié – un chômeur – un employé

a. une carrière – un poste – un emploi

b. embaucher – recruter – licencier

c. un salaire – un gain – une paie

d. une entreprise – une société – une association

e. un postulant – un gagnant – un candidat

f. des congés payés – des vacances – des congés sans solde

g. un employeur – un demandeur d'emploi – un chômeur

h. un patron – un cadre – un chef d'entreprise

B. PASSER UN ENTRETIEN D'EMBAUCHE

214 *Vrai* ou *faux*. Cochez pour signifier si les affirmations sont exactes ou non. Pendant un entretien d'embauche il faut :

> *Exemple :* serrer chaleureusement la main de votre interlocuteur pour le saluer,
>
> **1.** ☒ *vrai*   **2.** ☐ faux

a. mâcher du chewing gum,.. **1.** ☐ vrai **2.** ☐ faux

b. poser des questions,... **1.** ☐ vrai **2.** ☐ faux

c. regarder la/les personne(s) dans les yeux,... **1.** ☐ vrai **2.** ☐ faux

d. critiquer votre ancien employeur,... **1.** ☐ vrai **2.** ☐ faux

e. avoir préparé l'entretien avec un(e) ami(e), ... **1.** ☐ vrai **2.** ☐ faux

f. avoir mangé de l'ail juste avant, ... **1.** ☐ vrai **2.** ☐ faux

g. montrer que vous savez écouter,.. **1.** ☐ vrai **2.** ☐ faux

h. venir avec un C.V. .... **1.** ☐ vrai **2.** ☐ faux

215 Imparfait : formation. Complétez les phrases avec le radical du verbe entre parenthèses.

> *Exemple :* Je **travaill**ais (travailler) comme vendeur.

a. Il ....ait (exercer) la profession d'avocat.

b. Nous ....ions (faire) des bénéfices.

c. Je ....ais (manger) au restaurant d'entreprise.

d. Elles ....aient (avoir) des jours de congé.

e. Tu ....ais (diriger) une compagnie d'assurances ?

f. Ils ....aient (pouvoir) travailler jour et nuit.

g. Vous ....iez (photographier) des mannequins ?

h. On ....ait (finir) à 20 heures.

216 Imparfait : formation. Reliez le radical à la terminaison.

a. Tu compren

b. Vous étudi

c. On écout

d. Il écriv

e. J'ador

f. Elle ét

g. Nous pens

h. Ils voul

1. iez toutes les propositions ?

2. ait les conférences.

3. aient obtenir cet emploi.

4. ais plusieurs langues.

5. ait très fière de son équipe.

6. ait des rapports très intéressants.

7. ions trouver d'autres idées.

8. ais mon travail.

217 L'imparfait à valeur d'habitude. Complétez les phrases à l'aide des verbes entre parenthèses à l'imparfait de l'indicatif.

Exemple : Je *travaillais* (travailler) dans une société d'import-export.

a. Elle .... (être) styliste chez un grand couturier.

b. Il .... (enseigner) la philosophie.

c. Nous .... (avoir) un salaire intéressant.

d. On .... (aller) voir nos clients chaque semaine.

e. Ils .... (prendre) les rendez-vous à ma place.

f. Vous .... (voir) souvent votre patron ?

g. Tu .... (déjeuner) avec tes collègues ?

h. Elles .... (voyager) beaucoup pour leur travail.

218 Les indicateurs temporels. Écoutez et complétez les phrases à l'aide des mots proposés : *au, quand, naguère, autrefois, dans, avant, en, l'année, il y a*.

Exemple : *Dans* ma jeunesse, j'étais mannequin.

a. ...., j'habitais en Italie.

b. .... longtemps, je travaillais la nuit.

c. .... j'étais jeune, je rêvais d'être actrice.

d. .... 1950, il n'y avait pas de chômage.

e. ...., j'étais secrétaire.

f. ...., les salariés n'avaient aucun droit en France.

g. .... de mes vingt ans, j'allais à l'usine.

h. .... XIXe siècle, les congés payés n'existaient pas.

219 Complétez librement les phrases avec l'idée d'habitude dans le passé.

Exemple : Maintenant je parle trois langues mais *avant, je n'en parlais aucune.*

a. Aujourd'hui Paul est avocat mais ....

b. François et Geneviève servent désormais dans une pizzeria mais ....
....

c. Depuis trois semaines nous travaillons mais ....

d. De nos jours, les jeunes ont du mal à trouver un emploi mais ....
....

e. À l'heure actuelle, la majorité des employés travaillent dans des bureaux mais ....
....

f. Maintenant, je gagne le S.M.I.C. mais ....
....

g. Actuellement, je cherche un poste de technicienne de surface mais ....
....

h. Aujourd'hui, monsieur Lambert est très calme mais ....
....

220 Exprimer le but. Soulignez les expressions qui permettent d'exprimer une intention de faire ou d'éviter quelque chose.

Exemple :   Je cherche un emploi <u>pour</u> travailler.

a. J'ai suivi une formation courte afin de me spécialiser.

b. Je veux reprendre une activité professionnelle afin que mon mari puisse continuer ses études.

c. Nous cherchons une collaboratrice dans le but de développer notre marché à l'étranger.

d. Ils souhaitent acheter des machines pour ne pas embaucher de personnel.

e. Je partirai plus tard en vacances pour que vous ayez le temps de vous habituer à votre nouveau poste.

f. Je vous téléphone en vue d'un entretien.

g. Nous avons répondu à cette annonce dans l'intention de savoir comment se passe un entretien.

h. Afin de ne pas déstabiliser les candidats, nous les recevrons individuellement.

221 L'expression du but. Faites des phrases, à l'aide des éléments donnés, en employant une expression de but suivie de l'infinitif ou du subjonctif.

Exemple :   Elle a répété son entretien avec un ami. Elle sera plus sûre d'elle.

→ *Elle a répété son entretien avec un ami afin d'être plus sûre d'elle.*

a. Vous devez nous envoyer votre C.V. Nous pourrons connaître votre parcours professionnel.

→ ....

....

b. Il souhaite se rendre à l'entretien en chemise à fleurs. L'employeur se souviendra de lui.

→ ....

....

c. Elle a envoyé sa candidature. Elle travaillera à l'étranger.

→ ....

d. Je rencontre le directeur aujourd'hui. Je lui parlerai d'un projet.

→ ....

e. La directrice offre un café aux candidats. Ils seront plus à l'aise.

→ ....

f. J'ai noté son numéro de téléphone. Tu prendras rendez-vous.

→ ....

g. Nous voulons rencontrer le responsable. Nous lui présenterons les postes à pourvoir.

→ ....

....

h. Il est parti très tôt. Il ne sera pas en retard.

→ ....

222 Imparfait et passé composé. Rayez la partie de la phrase qui vous semble la moins logique.

Exemple : Quand il est entré dans le bureau, ~~le directeur a lu~~/**le directeur lisait**.

a. Au moment de le saluer le téléphone a sonné/le téléphone sonnait.

b. À l'instant où Marc s'est assis, la chaise a cassé/la chaise cassait.

c. Fabienne a regardé tous les candidats qui ont attendu/qui attendaient.

d. Quand la secrétaire a appelé Monsieur Limois, personne n'a répondu/personne ne répondait.

e. Quand je suis arrivé, l'assistante a parlé au téléphone/l'assistante parlait au téléphone.

f. Quand le responsable a annoncé sa décision, Philippe a pensé à autre chose/Philippe pensait à autre chose.

g. Après son rendez-vous, il a appelé sa femme/il appelait sa femme.

h. Quand elle a lu l'annonce, il a eu un travail/il avait un travail.

223 Présent, passé composé ou imparfait. Écoutez et cochez la forme verbale entendue.

Exemple : **1.** ☐ je travaille   **2.** ☒ *j'ai travaillé*   **3.** ☐ je travaillais

a. **1.** ☐ je fais   **2.** ☐ j'ai fait   **3.** ☐ je faisais

b. **1.** ☐ j'explique   **2.** ☐ j'ai expliqué   **3.** ☐ j'expliquais

c. **1.** ☐ je voyage   **2.** ☐ j'ai voyagé   **3.** ☐ je voyageais

d. **1.** ☐ ils parlent   **2.** ☐ ils ont parlé   **3.** ☐ ils parlaient

e. **1.** ☐ elle entre   **2.** ☐ elle est entrée   **3.** ☐ elle entrait

f. **1.** ☐ je crée   **2.** ☐ j'ai créé   **3.** ☐ je créais

g. **1.** ☐ il passe   **2.** ☐ il est passé   **3.** ☐ il passait

h. **1.** ☐ elle part   **2.** ☐ elle est partie   **3.** ☐ elle partait

C. DANS L'ENTREPRISE

224 Trouvez le féminin des professions suivantes.

Exemple : un avocat → *une avocate*

a. un vendeur → ....

b. un directeur → ....

c. un boulanger → ....

d. un comptable → ....

e. un médecin → ....

f. un homme d'affaires → ....

g. un pharmacien → ....

h. un professeur → ....

225 Complétez les phrases à l'aide de *c'est, il est* ou *elle est*.

Exemple : ***Il est*** plombier depuis trois ans.

a. .... un cuisinier ?

b. Oui, ... cuisinier.

c. Caroline, ... secrétaire ?

d. Non, ... comptable.

e. .... un professeur ?

f. Non, ... étudiante.

g. Est-ce qu'............................. photographe ?

h. Oui, et .... un sculpteur aussi.

226 Reliez les mots pour retrouver l'activité principale de chaque profession.

a. Le directeur   1. accueille.

b. L'artiste   2. enseigne.

c. Le mannequin   3. crée.

d. Le chirurgien   4. joue.

e. Le professeur   5. dirige.

f. Le chauffeur   6. défile.

g. L'acteur   7. conduit.

h. L'hôtesse   8. opère.

227 Dans le texte suivant, rayez les éléments qui sont secondaires.

Hier, Lisa a commencé un nouveau travail. Elle est arrivée à 7 heures, elle était très en avance. Elle s'est installée dans son bureau. Il y avait juste un téléphone et un ordinateur. Vers 9 heures, les collègues sont arrivés et sont venus la saluer. L'ambiance semblait très sympathique. Chacun lui proposait un café ou un croissant.

À 10 heures, un gros homme a pénétré dans la grande salle. Tout est alors devenu immédiatement silencieux. L'homme s'est avancé vers Lisa. Il marchait lentement et respirait bruyamment. Arrivé à sa hauteur, il l'a regardée dans les yeux durant une longue minute. Rien ne bougeait autour d'eux. Puis, progressivement, il a fait demi-tour et est ressorti. C'était le chef de service qui lui souhaitait la bienvenue.

228 Complétez le texte à l'aide des verbes entre parenthèses au passé composé ou à l'imparfait.

Quand j'............................. (être) étudiante, je .... (travailler) le samedi dans un magasin.

Ce jour-là, il y .... (avoir) vraiment beaucoup de monde car c'............................. (être) la période des soldes. Les clientes .... (être) souvent nerveuses et fatiguées. Il nous .... (falloir) beaucoup de patience et d'énergie pour rester souriantes. Tout à coup, une femme .... (se mettre) à hurler et à sauter partout. Les autres clientes, affolées, ... (jeter) tout ce qu'elles .... (tenir) et .... (s'enfuir) en courant. Quand tout le monde .... (partir), la femme .... (continuer) ses achats. C'est alors que nous .... (comprendre) la supercherie. Cette femme .... (créer) la panique chez les clientes pour faire les soldes en toute tranquillité. Quand la responsable .... (se rendre compte) du stratagème, elle .... (prier) calmement mais fermement la femme de quitter les lieux.

229 **Transposez le texte suivant au passé.**

Les temps sont difficiles. Je cherche du travail depuis plusieurs mois. J'achète les journaux tous les jours. Finalement, je trouve une annonce très intéressante. J'écris une lettre et j'obtiens un rendez-vous. Le siège se situe dans la banlieue de Lyon. Dès que j'arrive, je trouve l'endroit étrange. Il n'y a personne dans le bâtiment et tout semble abandonné. Quand je trouve enfin le directeur, il m'annonce la faillite de l'entreprise.

Les temps étaient difficiles. ....

....

....

....

....

....

230 **Vous avez passé un entretien d'embauche. Vous écrivez à votre meilleur(e) ami(e) pour lui raconter comment cela s'est passé. Vous donnez beaucoup de détails sur vos impressions, le lieu et l'ambiance générale de l'entretien.**

....

....

....

....

....

....

....

....

....

....

....

....

....

....

....

231 Verbe + *de*. Répondez affirmativement à la question en choisissant le pronom correct.

> *Exemples :* Il s'est souvenu du code ?
>
> → *Oui, il s'en est souvenu.*
>
> Il s'est souvenu de la secrétaire ?
>
> → *Oui, il s'est souvenu d'elle.*

a. Vous allez parler de cette candidate à votre patron ?

→ ....

b. Est-ce qu'il a peur de ses employés ?

→ ....

c. Elle se moque des responsabilités ?

→ ....

d. Tu as envie de travailler ?

→ ....

e. Pouvez-vous vous occuper de ce client ?

→ ....

f. Ils sont fous de leurs collaboratrices ?

→ ....

g. Vous vous rendez compte du problème ?

→ ....

h. Est-ce que tu peux te passer de moi pendant cinq minutes ?

→ ....

232 Écoutez les phrases et cochez de quoi ou de qui on parle.

> *Exemple :* **1.** ☒ sa femme   **2.** ☐ sa voiture

a. **1.** ☐ cette secrétaire   **2.** ☐ cette machine

b. **1.** ☐ ce client   **2.** ☐ ce dossier

c. **1.** ☐ mon associé   **2.** ☐ mon contrat

d. **1.** ☐ la photocopieuse   **2.** ☐ la directrice

e. **1.** ☐ tes réunions   **2.** ☐ tes collègues

f. **1.** ☐ nos chefs   **2.** ☐ nos projets

g. **1.** ☐ ma copine Annie   **2.** ☐ ma boîte

h. **1.** ☐ ses amis   **2.** ☐ son travail

D. PERDRE SON EMPLOI

233 Complétez les phrases à l'aide des mots suivants : *licencié, plan, chômage, indemnités, renouvelé, anticipé, faillite, bilan, primes.*

> *Exemple :* Cette PME a *licencié* 203 personnes cette année.

a. Tous les salariés sont maintenant au ....

b. Nous allons toucher des .... pendant un an.

c. L'entreprise a fait ....

d. Il a accepté un départ à la retraite ....

e. Son contrat n'a pas été ....

f. La société a déposé le ....

g. Les syndicats ont négocié des .... de licenciement.

h. La direction prévoit un .... social l'année prochaine.

234 **La cause. Soulignez la partie de la phrase qui donne une explication.**

Exemple : <u>À force de manifester</u>, les employés ont obtenu une prime de licenciement.

a. L'entreprise a fait faillite à cause de la conjoncture économique.

b. Comme les résultats n'ont pas été satisfaisants, la direction n'a pas renouvelé les contrats de certains salariés.

c. Il ne part plus travailler puisque la société a fermé.

d. Grâce aux syndicats, quelques emplois sont maintenus.

e. Le PDG a sauvé l'entreprise en négociant avec les pouvoirs publics.

f. La société a déposé le bilan parce qu'elle a été mal gérée.

g. Faute de bénéfices, le patron a vendu le magasin.

h. Elle a perdu son travail car elle arrivait toujours en retard.

235 *Parce que* **ou** *puisque*. **Rayez le mot qui vous semble le moins approprié.**

Exemple : J'ai démissionné **parce que**/~~puisque~~ je n'aimais pas mon travail.

a. Je ne peux pas appeler le patron parce que/puisque je suis avec vous au téléphone !.....

b. Elle est au chômage parce que/puisque son bureau a fermé. L'information est dans le journal, sous tes yeux !

c. Nous ne pourrons pas partir en vacances cette année parce que/puisque je vous annonce que j'ai décidé de reprendre mes études.

d. Ils ont de la patience parce que/puisque leur chef n'est pas très sympa avec eux !

e. Vous savez cuisiner parce que/puisque vous travaillez dans un restaurant !

f. J'ai des problèmes au travail parce que/puisque je suis trop fatiguée.

g. Parce que/Puisque tu es si intelligent, tu n'as pas besoin de moi !

h. Continuons la réunion parce que/puisque tout le monde est d'accord.

236 *Grâce à, à cause de, à force de, faute de*. **Complétez les phrases avec le mot qui convient.**

Exemple : Je réussirai à lui parler **à force de** lui téléphoner !

a. Elle ne voit plus personne .... son travail !

b. Ils ont des problèmes de vue .... travailler toute la journée devant un ordinateur !

c. Je ne pourrai pas venir .... temps !

d. Tu as obtenu de nouveaux contrats .... ton enthousiasme !

e. Il a été viré .... toi !

f. .... leurs relations, ils ont pu rencontrer le directeur de cette multinationale.

g. .... persévérance, nous avons retrouvé rapidement du travail.

h. .... argent, nous devons licencier du personnel.

237 *Grâce à, à cause de, à force de, faute de*. **Transformez les phrases avec le mot qui convient.**

> *Exemple :* Elle déteste le téléphone parce qu'elle est standardiste.
>
> → *** Elle déteste le téléphone à cause de son travail de standardiste.***

a. Il ne peut pas répondre à la demande parce qu'il n'a pas assez d'employés.

→ ....

b. L'usine va fermer parce que les conditions de sécurité ne sont pas respectées.

→ ....

c. Nous avons mis nos bureaux sous surveillance parce que nous avons été trop souvent cambriolés.

→ ....

d. Elle a eu une promotion parce qu'elle est motivée.

→ ....

e. Les employés ont obtenu des tickets restaurant parce qu'ils ont beaucoup protesté.

→ ....

f. Notre entreprise est la première en Europe parce que vous avez fait beaucoup d'efforts.

→ ....

g. J'ai trouvé un meilleur travail parce que j'ai étudié tous les soirs.

→ ....

h. Vous avez fait une erreur parce qu'il a fait une erreur.

→ ....

238 **Le gérondif. Transformez la cause par un verbe au gérondif.**

> *Exemple :* Je suis fatigué parce que je me lève à 5 heures tous les jours.
>
> → *Je suis fatigué en me levant à 5 heures tous les jours.*

a. J'ai changé de bureau parce que j'ai écrit au directeur.

→ ....

b. Elle a convaincu son patron parce qu'elle lui a parlé franchement.

→ ....

c. On a obtenu ce contrat parce qu'on a été plus compétitifs.

→ ....

d. Tu as été malade parce que tu as mangé trop souvent au restaurant avec tes clients.

→ ....

e. Elle réussira parce qu'elle a la meilleure équipe.

→ ....

f. Vous êtes en forme parce que vous finissez votre travail de bonne heure !

→ ....

g. Il a eu un accident parce qu'il s'est endormi sur sa machine.

→ ....

h. Il est devenu chômeur parce qu'il a volé dans la caisse de sa société.

→ ....

239 **La cause. Transformez librement les phrases proposées.**

Exemple : Elle fait du bon boulot. Son patron l'adore.

→ ***Son patron l'adore parce qu'elle fait du bon boulot.***

a. Il y avait des embouteillages. Les livreurs n'ont pas fini leur journée.

→ ....

b. Les postiers sont en grève. Le courrier n'est pas arrivé.

→ ....

c. J'ai fait une bêtise. Le patron est énervé.

→ ....

d. Nous avons reçu de nombreux appels. Le standard a explosé.

→ ....

e. Vous n'avez pas assez de temps. La réunion est annulée.

→ ....

f. Vous avez bien participé. Ce congrès est un succès !

→ ....

g. Nous battons tous les records de vente. Nous sommes les premiers sur le marché.

→ ....

h. Il sera à Paris le 20 janvier. Il ne pourra pas être à Chicago le même jour !

→ ....

240 **Reliez ces expressions familières à leur signification.**

a. Tu as trouvé un job pour cet été ? ————— 1. Tu travailles dans quelle société ?

b. Tu as beaucoup de boulot en ce moment ? 2. Tu travailles trop.

c. Tu t'es fait virer ? 3. Tu as travaillé toute la journée.

d. Tu bosses trop. 4. Tu as du travail ?

e. Tu as du taf ? 5. Tu as beaucoup de travail en ce moment ?

f. Tu travailles dans quelle boîte ? 6. Tu ne travailles pas beaucoup.

g. Tu te la coules douce. 7. Tu as trouvé un petit travail ?

h. Tu as marné toute la journée. 8. Tu as été licencié ?

IX. EN VOITURE !

A. CONDUIRE

241 Complétez le texte à l'aide des mots proposés : *créneaux, chauffeur, code, demi-tour, concessionnaire, permis, moniteur, conduite, auto-école*.

J'ai obtenu difficilement mon **permis** de conduire.

J'ai dû repasser trois fois le .... et cinq fois la .... J'ai laissé beaucoup d'argent à l'............................... de mon quartier. Le .... est devenu un ami à force de me voir. Je n'arrivais pas à faire les ...., et j'étais incapable de faire .... Le jour où j'ai enfin réussi, je suis allé immédiatement chez un .... et j'ai acheté le plus gros modèle. Mais, finalement, je ne conduis jamais parce que j'ai un ....

242 La conséquence. Soulignez la partie de la phrase qui introduit la conséquence.

Exemple :   J'ai obtenu mon permis <u>alors</u> je vais faire une fête.

a. Le mois prochain j'aurai une voiture donc on partira en week-end.

b. Le moniteur m'a vu tous les jours pendant six mois. C'est pour ça que nous sommes amis aujourd'hui.

c. Je dispose d'un chauffeur. Par conséquent, je n'ai pas besoin de conduire.

d. Il était incapable de faire un créneau, c'est pourquoi il a raté la conduite.

e. Elle n'a aucune mémoire. Du coup, elle ne mémorise pas le code de la route.

f. Nous allons économiser de sorte que nous pourrons acheter une voiture très prochainement.

g. Il est trop myope. Résultat, il est incapable de conduire.

h. C'est une voiture magnifique si bien que je n'ose pas l'utiliser.

243 La conséquence. Faites des phrases à l'aide des mots suivants : *par conséquent, résultat, si bien que, alors, donc, c'est pourquoi, c'est pour ça que, c'est la raison pour laquelle, du coup*.

Exemple :   J'ai peur en voiture. Je ne veux pas passer le permis.

> → *J'ai peur en voiture. C'est la raison pour laquelle je ne veux pas passer le permis.*

a. L'auto-école est loin de chez moi. Je n'y vais pas régulièrement.

→ ....

b. Le moniteur est très désagréable. On n'a pas envie de le voir.

→ ....

c. Elle a raté le code. Elle n'a pas le droit de conduire.

→ ....

d. Ils habitent à Paris. Ils n'ont pas besoin de voiture.

→ ....

e. La voiture pollue. Il faut prendre les transports en commun.

→ ....

f. Tu es trop fatigué. Tu conduis mal.

→ ....

g. Nous sommes découragés. Nous ne tenterons pas de le repasser encore une fois.

→ ....

h. Vous n'écoutez pas votre moniteur. Vous n'y arrivez pas.

→ ....

244 **Reliez ces actions aux éléments de la voiture concernés.**

a. Pour éclairer la route.   1. le rétroviseur
b. Pour tourner.   2. le frein.
c. Pour démarrer.   3. les portières
d. Pour ralentir.   4. le coffre
e. Pour ranger les courses.   5. le volant
f. Pour voir derrière.   6. la boîte à gants
g. Pour ranger les papiers.   7. les phares
h. Pour ouvrir et fermer.   8. la clé de contact

245 **Conséquence et intensité. Soulignez les mots qui donnent l'idée d'intensité.**

Exemple : Sa voiture est <u>tellement</u> belle <u>qu'</u>il a peur de l'abîmer.

a. J'ai fait tant de courses que le coffre ne ferme pas.
b. Il est si fatigué qu'il a oublié de boucler sa ceinture.
c. Nous conduisons tellement que nous devons changer de voiture tous les deux ans.
d. Vous travaillez si loin que vous ne pouvez pas vous passer de voiture.
e. Elle a tant hésité que j'ai raté une bonne occasion.
f. Tu as tellement de clés que je ne trouve pas celle de ta voiture.
g. Ils s'occupent si bien de leur voiture que leurs femmes en sont jalouses.
h. On est tellement contents de notre voiture qu'on a décidé de racheter la même.

246 **Conséquence et intensité. Notez** *(Adj)*, **si l'intensité concerne un adjectif,** *(Adv)*, **si elle concerne un adverbe,** *(N)* **s'il s'agit d'un nom et** *(V)* **s'il s'agit d'un verbe.**

Exemple : Sa voiture est tellement belle qu'il a peur de l'abîmer. ***Adj***

a. J'ai fait tant de courses que le coffre ne ferme pas. (   )
b. Il est si fatigué qu'il a oublié de boucler sa ceinture. (   )
c. Nous conduisons tellement que nous devons changer de voiture tous les deux ans. (   )
d. Vous travaillez si loin que vous ne pouvez pas vous passer de voiture. (   )
e. Elle a tant hésité que j'ai raté une bonne occasion. (   )

f. Tu as tellement de clés que je ne trouve pas celle de ta voiture. (   )

g. Ils s'occupent si bien de leur voiture que leurs femmes en sont jalouses. (   )

h. On est tellement contents de notre voiture qu'on a décidé de racheter la même. (   )

247 **Conséquence et intensité. Transformez la phrase proposée en en respectant le sens.**

Exemple : Il a tellement conduit qu'il ne peut plus marcher.

→ *Il a tant conduit qu'il ne peut plus marcher.*

a. Ces voitures sont si fragiles qu'il faut toujours les réparer.

→ ....

b. Vous conduisez tellement mal que nous préférons prendre un taxi.

→ ....

c. Il possède tellement de voitures qu'il n'en apprécie plus aucune.

→ ....

d. J'ai tant ralenti que j'ai calé.

→ ....

e. Il y a tant de choix que j'hésite.

→ ....

f. J'aime tellement conduire que je ne laisse personne le faire à ma place.

→ ....

g. Tu sembles si fière de lui que j'en suis surprise.

→ ....

h. Nous venons si souvent que nous connaissons parfaitement la route.

→ ....

248 **Conséquence et intensité. Mettez les phrases dans l'ordre.**

Exemple : vendre/la/./on/roulé/a/ne/plus/Elle/qu'/tant/peut

→ *Elle a tant roulé qu'on ne peut plus la vendre.*

a. cette/pas/chance/On/voiture/n'/avec/a/./eu/de/tellement

→ ....

b. le/tordu/changer/rétroviseur/si/Le/faut/est/./qu'/il

→ ....

c. m'/essence/je/Ce/que/tellement/./d'/en/modèle/séparer/dois/consomme

→ ....

d. peu/route/n'/si/la/prendre/a/pas/Il/conduit/ose/qu'/il/.

→ ....

e. qu'/./usés/dangereux/conduire/de/si/est/freins/sont/Ces/il

→ ....

f. modèles/que/tant/choisir/quoi/./ne/plus/je/essayé/de/ai/sais/J'

→ ....

g. roulé/./que/police/Tu/vite/arrêté/as/la/t'/si/a

→ ....

h. dix/aimons/que/./tant/automobiles/Nous/les/en/nous/avons

→ ....

249 *Temps, tant, t'en.* **Rayez ce qui ne convient pas.**

> *Exemple :* Nous dépensons ~~temps~~/***tant***/~~t'en~~ pour notre voiture !

a. Attention, avec ce temps/tant/t'en, la route est glissante.

b. Ne temps/tant/t'en fais pas ! Je roulerai doucement.

c. J'ai temps/tant/t'en de travail que je passe mes nuits au bureau.

d. Tu dois trouver le temps/tant/t'en de sortir un peu !

e. Tu n'as pas le temps/tant/t'en d'aller faire les courses.

f. Non, tu temps/tant/t'en occupes ?

g. Il est temps/tant/t'en de partir.

h. Je ne temps/tant/t'en veux pas.

250 **Cochez** *vrai* **ou** *faux*.

> *Exemple :* Une caisse est une voiture en style familier. **1.** ☒ *vrai* **2.** ☐ faux

a. Une bagnole est une voiture en langage soutenu. **1.** ☐ vrai **2.** ☐ faux

b. Un carambolage est un accident impliquant plusieurs voitures. **1.** ☐ vrai **2.** ☐ faux

c. Un véhicule est un autre mot pour une voiture. **1.** ☐ vrai **2.** ☐ faux

d. Un piéton est une personne qui se déplace à pied. **1.** ☐ vrai **2.** ☐ faux

e. Une autoroute est une voie rapide et toujours gratuite. **1.** ☐ vrai **2.** ☐ faux

f. La chaussée est l'endroit où marchent les piétons. **1.** ☐ vrai **2.** ☐ faux

g. Le mot embouteillages et le mot bouchons signifient la même chose. **1.** ☐ vrai **2.** ☐ faux

h. Quand une voiture tourne sur elle-même lors d'un accident, on dit qu'elle fait un tonneau.

  1. ☐ vrai **2.** ☐ faux

251 **Cause ou conséquence. Reliez les éléments pour en faire des phrases.**

a. Elle ne veut pas prendre le volant

b. Les routes sont dangereuses

c. Le brouillard réduit la visibilité

d. Des bouchons sont à prévoir
  sur l'autoroute.

e. Comme il y a des travaux,

f. Je vais prendre les petites routes

g. Puisque ma voiture est en panne,

h. Les conducteurs s'arrêtent régulièrement.

1. Du coup, ils sont moins fatigués.

2. j'arriverai sans doute en retard.

3. à cause de la neige.

4. je prends ta moto.

5. parce que la nuit est tombée.

6. si bien que nous vous conseillons de
  ne pas circuler en voiture aujourd'hui.

7. ainsi, j'éviterai les embouteillages.

8. Prenez donc votre mal en patience !

252 **Écoutez et cochez ce qui est mis en valeur de la cause ou de la conséquence.**

> *Exemple :* **1.** ☐ cause **2.** ☒ *conséquence*

a. **1.** ☐ cause **2.** ☐ conséquence

b. **1.** ☐ cause **2.** ☐ conséquence

c. **1.** ☐ cause **2.** ☐ conséquence

d. **1.** ☐ cause **2.** ☐ conséquence

e. **1.** □ cause   **2.** □ conséquence

f. **1.** □ cause   **2.** □ conséquence

g. **1.** □ cause   **2.** □ conséquence

h. **1.** □ cause   **2.** □ conséquence

253 Cause ou conséquence. Si la phrase met en valeur la cause, mettez en valeur la conséquence et inversement.

> *Exemple :* C'est le retour des vacances. Les routes seront donc chargées.
>
> → ***À cause du retour des vacances, les routes seront chargées.***

a. Le périphérique est fermé en raison d'importants travaux.

→ ....

b. Comme elle a oublié le siège-auto, elle ne peut pas partir avec ton fils.

→ ....

....

c. La circulation est totalement bloquée. Du coup, je prends le métro.

→ ....

d. Il y a trop de pollution alors il refuse de circuler à vélo.

→ ....

e. Le moteur chauffe parce que nous n'avançons plus.

→ ....

f. Je n'ai plus d'essence. C'est pourquoi nous ne pouvons plus avancer.

→ ....

g. En partant trop tard vous serez pris dans les bouchons.

→ ....

h. Son phare était cassé. De ce fait, la police l'a verbalisé.

→ ....

254 Cause et conséquence. Vous deviez passer quelques jours chez un ami mais votre voiture est tombée en panne. Vous n'avez pas assez d'argent pour effectuer les réparations et vous ne voulez pas vous déplacer sans voiture. Vous écrivez à votre ami pour lui expliquer ce qui vous arrive et vous excuser de ne pouvoir venir.

....

....

....

....

....

....

....

....

....

....

....

B. ENTRETENIR SA VOITURE

255 Complétez le texte à l'aide des mots proposés : *dépanneuse, pneu, remorquer, freins, réparée, huile, garage, panne, garagiste.*

Ma voiture est tombée en **panne** sur l'autoroute.

J'ai dû appeler une .... pour la .... jusqu'au .... le plus proche. Le .... l'a .... et il a vérifié les .... et le niveau d' .... Mais, au moment de repartir, un .... a crevé ! Pas de chance, hein ?

256 Le pronom relatif *dont*. Faites deux phrases à partir de la phrase donnée.

Exemple : Cette voiture, dont j'ai remplacé le moteur, est merveilleuse.
→ ***Cette voiture est merveilleuse. J'ai remplacé le moteur de cette voiture.***

a. Le garagiste dont je vous ai parlé est un ami.

→ ....

b. C'est une route dont il faut se méfier.

→ ....

c. Le concessionnaire, dont les voitures sont exposées là-bas, est un voyou.

→ ....

....

d. Ce collectionneur possède des voitures dont il est fou.

→ ....

e. J'ai vu une voiture dont je suis curieuse de connaître le prix.

→ ....

f. Il a eu un accident dont il se souviendra.

→ ....

g. Le garage dont ils étaient propriétaires a brûlé.

→ ....

h. C'est un danger dont il n'a pas conscience.

→ ....

257 Transformez les deux phrases en une seule en utilisant le pronom relatif *dont*.

Exemple : La voiture est restée sur la route. Le pneu de cette voiture a crevé.
→ ***La voiture dont le pneu a crevé est restée sur la route.***

a. Elle a vendu sa moto. Elle était si folle de sa moto.

→ ....

b. La contravention est sur le buffet. Tu viens de te souvenir de la contravention.

→ ....

c. J'ai acheté un auto-radio. Le son de cet auto-radio est extraordinaire.

→ ....

d. L'instrument rentre dans le coffre. Vous jouez de cet instrument.

→ ....

e. Le modèle ne coûte pas cher. Tu rêves de ce modèle.

→ ....

f. On a conduit l'engin. Paul se sert de cet engin pour aller travailler.

→ ....

g. Vous préférez la voiture. La carrosserie de cette voiture est neuve.

→ ....

h. C'est une voiture. La forme de cette voiture est aérodynamique.

→ ....

258 **Les pronoms relatifs** *qui, que, dont, où*. **Complétez les phrases.**

Exemple :   L'endroit **où** il répare sa moto est tenu secret.

a. Le modèle .... vous plaît est par là.

b. Les pièces .... vous avez changées sont usagées.

c. C'est une route .... est très dangereuse.

d. Le tissu .... il a recouvert ses sièges est horrible.

e. Le garage .... vous cherchez est près de la mairie.

f. Je me rappelle le jour .... il a changé le moteur.

g. L'homme .... je t'ai présenté est passionné d'automobiles.

h. La pièce détachée .... tu parles s'achète en Allemagne.

259 **Complétez les phrases avec** *dont, don* **et** *dons*.

Exemple :   Je n'ai pas le **don** de me dédoubler !

a. Envoyez vos .... à l'association des victimes de la route.

b. C'est la voiture .... j'ai toujours rêvé.

c. Elles ont le .... de m'énerver !

d. J'ai cinq voitures .... deux de luxe.

e. La voiture .... je t'ai parlé est garée près du bureau.

f. Nous nous occupons du .... d'organes.

g. Il a le .... pour avoir toujours des problèmes de voiture !

h. C'est le véhicule .... il manque une roue.

260 **Écoutez et cochez pour indiquer si vous entendez le son** *[ɔ̃]* **ou le son** *[ã]*.

Exemple :   **1.** ☒ [ɔ̃]   **2.** ☐ [ã]

a. **1.** ☐ [ɔ̃]   **2.** ☐ [ã]

b. **1.** ☐ [ɔ̃]   **2.** ☐ [ã]

c. **1.** ☐ [ɔ̃]   **2.** ☐ [ã]

d. **1.** ☐ [ɔ̃]   **2.** ☐ [ã]

e. **1.** ☐ [ɔ̃]   **2.** ☐ [ã]

f. **1.** ☐ [ɔ̃]   **2.** ☐ [ã]

g. **1.** ☐ [ɔ̃]   **2.** ☐ [ã]

h. **1.** ☐ [ɔ̃]   **2.** ☐ [ã]

C. Délits et accidents

261 Cochez la bonne réponse.

Exemple : Les papiers d'identification de la voiture s'appellent

    1. ☐ la carte verte.   **2.** ☒ *la carte grise.*

a. En style familier, une contravention s'appelle

    1. ☐ une prune.   **2.** ☐ une pêche.

b. Donner une contravention, c'est

    1. ☐ verbaliser.   **2.** ☐ contrer.

c. Un conducteur qui conduit trop vite est

    1. ☐ un chauffeur.   **2.** ☐ un chauffard.

d. Une voiture mal garée, atterrit à

    1. ☐ la fourrière.   **2.** ☐ la fournaise.

e. Pour immobiliser une voiture, la police pose

    1. ☐ un sabot.   **2.** ☐ une botte.

f. Un conducteur est responsable d'un accident. Il ne s'arrête pas. Il commet

    1. ☐ un délit d'initié.   **2.** ☐ un délit de fuite.

g. Pour avertir de leur arrivée, les voitures de police sont équipées d'une

    1. ☐ sirène.   **2.** ☐ alarme.

h. Un conducteur qui ne s'arrête pas au feu rouge

    1. ☐ le brûle.   **2.** ☐ le noie.

262 *Faillir.* **Transformez les phrases comme dans l'exemple.**

Exemple : Ils ont presque eu un accident.

    → *Ils ont failli avoir un accident.*

a. J'ai presque eu mon permis.

    → ....

b. Nous avons presque été bloqués dans les embouteillages.

    → ....

c. Tu nous as presque envoyés dans le décor !

    → ....

d. Elle a presque brûlé un feu rouge.

    → ....

e. On s'est presque trompés de route.

    → ....

f. Il a presque oublié de prendre de l'essence.

    → ....

g. Vous êtes presque rentrés dans le poteau.

    → ....

h. Elles sont presque mortes dans un accident de la circulation.

    → ....

263 Indicateurs temporels. Reliez les éléments qui indiquent une relation avec le présent avec ceux qui sont sans rapport avec le présent.

a. aujourd'hui
b. demain
c. hier
d. il y a trois jours ————————————→ 3. trois jours auparavant
e. dans trois jours
f. le mois prochain
g. le mois dernier
h. cette année

1. la veille
2. trois jours plus tard
3. trois jours auparavant
4. le mois précédent
5. cette année-là
6. le lendemain
7. le mois suivant
8. ce jour-là

264 Complétez le texte avec les indicateurs temporels qui conviennent en vous aidant des éléments donnés entre parenthèses.

Ce jour-là (14 avril 2000), nous avons décidé de faire une promenade en forêt parce que .... (13 avril 2000) nous avions travaillé très dur sans sortir du bureau et parce que .... (mars 2000) nous n'avions pas pu mettre le nez dehors à cause du mauvais temps. Nous avons bien marché et ...., (+ deux heures) nous sommes retournés à la voiture. Mais elle avait disparu ! Nous avons regagné le village le plus proche et nous avons appelé la police qui n'est arrivée que .... (+ 45 minutes) et il faisait déjà nuit. Elle n'a retrouvé notre voiture que .... (mai 2000) à une centaine de kilomètres de la forêt. .... (2001), nous avons refait une promenade au même endroit mais .... (14 avril 2001), il ne s'est rien passé. C'est .... (15 avril 2001) que notre voiture a disparu, devant le super-marché.

265 Plus-que-parfait. Soulignez les actions qui se sont déroulées en premier.

> *Exemple :* Il a quitté son domicile vers 7 heures 30. <u>Sa femme et ses enfants étaient partis</u> dix minutes plus tôt.

a. Quand il a refermé la portière, il a eu le sentiment qu'il avait oublié quelque chose.
b. En bouclant sa ceinture, il a fini la tartine qu'il avait préparée avant de partir.
c. Elle était délicieuse. La confiture que sa mère lui avait donnée était inégalable.
d. Il faisait chaud. La douche qu'il avait prise une heure auparavant n'était plus qu'un lointain souvenir.
e. Ce matin-là, il devait rencontrer les nouveaux propriétaires d'une société qui avait fait faillite deux ans plus tôt.
f. Il avait discuté avec eux au téléphone la semaine précédente et la négociation s'annonçait difficile.
g. C'est la raison pour laquelle il avait travaillé tard la veille pour bien connaître le dossier.
h. Mais, au moment d'entrer dans leur bureau, il s'est aperçu avec horreur que le dossier était resté chez lui.

266 Plus-que-parfait. Mettez ces phrases au passé comme dans le modèle.

Exemple : Elle va chercher la voiture qu'elle a commandée il y a trois semaines.

→ ***Elle est allée chercher la voiture qu'elle avait commandée trois semaines auparavant.***

a. Tu refuses de prendre le chemin qu'on a emprunté la dernière fois.

→ ....

b. Ils perdent la roue qu'ils ont changée l'année dernière.

→ ....

c. C'est une route qu'il a déjà vue hier.

→ ....

d. Nous reconnaissons, aujourd'hui, la conductrice qui s'est perdue près de Montpellier.

→ ....

e. Il veut chercher son chemin sur la carte qu'il a rangée dans la boîte à gants il y a dix minutes.

→ ....

....

f. Le conducteur qui s'est endormi au volant paie une lourde amende.

→ ....

g. Il achète finalement le modèle qu'il a tout d'abord refusé.

→ ....

h. Vous ne freinez pas parce que vous avez perdu la tête.

→ ....

267 Plus-que-parfait. Transformez les phrases comme dans l'exemple.

Exemple : Il lui a offert un auto-radio. Elle l'a installé.

→ ***Elle a installé l'auto-radio qu'il lui avait offert.***

a. Léo a cassé la portière. Il a fallu la changer.

→ ....

b. Le moteur est tombé en panne. Ils l'ont réparé.

→ ....

c. Un mécanicien a contrôlé notre voiture. Nous lui avons téléphoné.

→ ....

d. J'ai emprunté un outil. Je l'ai rendu.

→ ....

e. Le garagiste a changé des freins. Il les a vérifiés.

→ ....

f. Le policier a demandé au conducteur les papiers. Il lui a rendu les papiers.

→ ....

g. Je t'ai prêté une lampe. Tu me l'as rendue ?

→ ....

h. Un garagiste a acheté une Cadillac. Vous l'avez connu ?

→ ....

268 Complétez le texte au passé. Utilisez l'imparfait, le passé composé ou le plus-que-parfait.

Maurine *roulait* (rouler) sur l'autoroute depuis une heure. Le soleil .... (se cacher) derrière les nuages et .... (refuser) de se montrer. Soudain, un engin .... (surgir) de nulle part et l'.................... (dépasser) avec la vitesse d'une fusée. Maurine n'........................... (être) pas certaine de ce qu'elle .... (voir). Quelques kilomètres plus loin, elle .... (apercevoir) des policiers discuter avec le conducteur d'une machine extraordinaire qui .... (sembler) sortie tout droit d'une bande dessinée.

269 Réécrivez ce texte au passé.

Il y a des embouteillages. Je suis en retard à mon rendez-vous. J'appelle pour prévenir mais mon téléphone n'a plus de batterie. Pourtant, je suis certaine que je l'ai rechargé avant de partir. Les voitures klaxonnent partout autour de moi. J'ai l'impression que je vais devenir folle. Finalement, la route se dégage et j'arrive à temps.

Il y avait des embouteillages. ....
....
....
....
....
....
....

270 Racontez la journée de la famille Ronsard à partir des informations données.

Samedi 12 juillet 2003

8 h 00 :	La famille Ronsard se lève de bonne heure.
8 h 15 :	Les enfants préparent des sandwiches.
7 h 45 :	Le père va chercher le pain.
8 h 30 :	Tout le monde monte dans la voiture.
	Les enfants chantent des chansons
Février 2003 :	Les enfants apprennent les chansons à l'école.
9 h 00 :	Ils arrivent au lac.
	Il y a beaucoup de monde.
	Les enfants gonflent les bouées.
Samedi 5 juillet :	Leur mère achète les bouées.
	Il fait beau.
	Tout le monde va se baigner.
12 h 00 :	Ils mangent les sandwiches.
8 h 15 :	Les enfants préparent les sandwiches.

Après-midi :   Ils font la sieste sous les arbres.

18 h 00 :   Ils rentrent chez eux.

Ce jour-là, la famille Ronsard s'est levée de bonne heure. ....

....

....

....

....

....

....

....

....

....

....

....

....

....

....

X. C'EST UN MONDE !

A. LA PRESSE

271 Cochez les mots qui font référence à la presse.

Exemple : **1.** ☐ une journée   **2.** ☒ *un journal*

a. **1.** ☐ un magasin   **2.** ☐ un magazine

b. **1.** ☐ une revue   **2.** ☐ une vue

c. **1.** ☐ un poulet   **2.** ☐ un canard

d. **1.** ☐ une feuille de chou **2.** ☐ une feuille de chêne

e. **1.** ☐ un bulletin   **2.** ☐ une bulle

f. **1.** ☐ une période   **2.** ☐ un périodique

g. **1.** ☐ une chronique   **2.** ☐ un chronomètre

h. **1.** ☐ un éditeur   **2.** ☐ un éditorial

272 La nominalisation. Reliez les éléments pour former des noms.

a. discret

b. violen

c. étrange ─────────────────────────┐   1. ce

d. lent   │   2. sse

e. souple   │   3. ion

f. importan   └──→   4. té

g. grand   5. eur

h. confus

273 La nominalisation. Trouvez le nom qui correspond aux verbes.

Exemple : voler → un *vol*

a. attaquer → une ....

b. arrêter → un ..../une ....

c. perdre → une ....

d. élire → une ....

e. échouer → un ....

f. négocier → une ....

g. chuter → une ....

h. démarrer → un ....

274 La nominalisation. Faites des titres à partir des phrases données.

　　　Exemple :　Une toile de Picasso a été volée. → ***Vol d'une toile de Picasso.***

a. L'accusé est libre. → ....

b. Les témoignages étaient vrais. → ....

c. Une loi est votée. → ....

d. Le chômage a diminué. → ....

e. Les négociations ont échoué. → ....

f. Les secours ont été lents. → ....

g. Un ministre est parti. → ....

h. Les dégâts sont importants. → ....

275 Périodicité. Complétez les phrases à l'aide des mots proposés : *trimestrielle, bi-annuelle, semestrielle, quotidien, annuelle, hebdomadaire, périodiques, mensuel, épisodique*.

　　　Exemple :　C'est une publication qui a lieu deux fois par an. Elle est ***bi-annuelle.***

a. Un magazine publié chaque mois s'appelle un ....

b. Une revue vendue tous les trois mois est une revue ....

c. J'achète mon magazine toutes les semaines, c'est un ....

d. La parution de ce bulletin n'est pas régulière. Elle est ....

e. Un journal qui paraît tous les jours est un ....

f. Ce journal est publié une fois par an. C'est une parution ....

g. Je reçois ce magazine tous les six mois. C'est une publication ....

h. L'ensemble des revues, journaux et magazines s'appelle les ....

B. LES RUBRIQUES

276 Reliez la rubrique au titre.

a. économie　　　　　　　　　　1. Une victoire inespérée !

b. politique ————————————→ 2. Élection régionale : le défi !

c. international　　　　　　　　　3. Grève annoncée

d. sport　　　　　　　　　　　　4. Chute brutale de l'euro !

e. culture　　　　　　　　　　　5. La saison des festivals

f. faits divers　　　　　　　　　6. Beau temps sur tout le pays.

g. météo　　　　　　　　　　　　7. Meurtre mystérieux en Bretagne

h. société　　　　　　　　　　　8. Le Ministre des Affaires étrangères à l'ONU

277 Écoutez et notez quelle rubrique est concernée.

　　　Exemple :　*trafic*

a. ....　　　　e. ....

b. ....　　　　f. ....

c. ....　　　　g. ....

d. ....　　　　h. ....

278 Révision des temps de l'indicatif. Notez le temps utilisé dans chaque phrase.

Exemple : Les bureaux de vote viennent de fermer. ***passé récent***

a. Les travaux débuteront prochainement. ....

b. Le voleur avait oublié son butin dans la banque. ....

c. Il aura tiré dans un élan de folie. ....

d. Êtes-vous prêt à devenir millionnaire ? ....

e. Le procès tant attendu a commencé aujourd'hui. ....

f. Le juge est en train de recueillir des témoignages. ....

g. Le trafic durait depuis six mois. ....

h. L'accusé va devoir parler. ....

279 Écoutez et notez le temps utilisé dans chaque phrase.

Exemple : **futur proche**

a. ....   e. ....

b. ....   f. ....

c. ....   g. ....

d. ....   h. ....

280 Complétez le texte en mettant les verbes entre parenthèses aux temps qui conviennent.

Un voleur tête en l'air !

La banque Arthur ***était*** (être) fermée depuis une heure quand un homme masqué et armé .... (surgir) et .... (menacer) les employés encore présents. Dix minutes plus tard, il .... (sortir) en courant de la banque. Actuellement, les employés .... (rire) encore de l'incident. En effet, l'homme .... (être) si nerveux qu'il .... (oublier) l'argent en partant. La police l'................................. (arrêter) peu de temps après. Le juge l'................................. (interroger) dans les prochains jours.

281 Adverbes de manière. Transformez les phrases avec l'adverbe qui convient.

Exemple : La campagne présidentielle a démarré de manière soudaine.

→ ***La campagne présidentielle a démarré soudainement.***

a. Le député a quitté la salle de manière rapide.

→ ....

b. Le candidat a répondu de façon brutale.

→ ....

c. Les votes ont débuté de manière tranquille.

→ ....

d. Le public a écouté de manière attentive.

→ ....

e. La candidate a parlé de façon habile.

→ ....

f. Les électeurs ont voté de manière massive.

→ ....

g. Les bureaux de vote ont fermé de façon progressive.

→ ....

h. Il s'exprime de manière nerveuse.

→ ....

282 **Notez l'adverbe correspondant à chaque adjectif.**

Exemple : joyeux → *joyeusement*

a. gentil → ....

b. franc → ....

c. mou → ....

d. discret → ....

e. attentif → ....

f. doux → ....

g. gai → ....

h. énorme → ....

283 **Notez l'adverbe correspondant à chaque adjectif.**

Exemple : savant → *savamment*

a. étonnant → ....

b. fréquent → ....

c. bruyant → ....

d. prudent → ....

e. élégant → ....

f. récent → ....

g. méchant → ....

h. suffisant → ....

284 **Complétez les phrases avec :** *successivement, globalement, considérablement, inévitablement, provisoirement, exceptionnellement, triomphalement, magnifiquement, entièrement.*

Exemple : Le pont Saint-André est *provisoirement* fermé.

a. Les hôteliers sont .... satisfaits de la saison touristique.

b. Les magasins seront .... ouverts dimanche prochain.

c. Les prix ont .... augmenté depuis le passage à l'euro.

d. La pièce est .... interprétée par des comédiens fabuleux !

e. Les cinémas du quartier nord ont fermé ....

f. Le vainqueur est accueilli ....

g. La marée noire a .... pollué toute la côte.

h. Le chorégraphe présente un spectacle .... inspiré de ses voyages.

285 Complétez les phrases avec : *and, ancs, ang, an, ans, ant, emps, ens, ent.*

Exemple : C'est le march**and** de journaux.

a. Le rédacteur a préparé son pl...............

b. Le t.............. va se radoucir.

c. 30 % de votes bl.............. pour cette élection.

d. Les g.............. se pressent dev.............. le théâtre !

e. Le Présid.............. est en voyage au Lib..............

f. Le gr.............. stade ouvrira demain.

g. Les enquêteurs ont trouvé du s.............. sur le sol.

h. Le comité de rédaction se réunira d.............. la grande salle.

286 Reliez les phrases passives aux phrases actives correspondantes

a. Le tableau a été volé par Arsène Pluni.

b. Le tableau est volé par Arsène Pluni.

c. Le tableau sera volé par Arsène Pluni.

d. Le tableau est en train d'être volé par Arsène Pluni.

e. Le tableau vient d'être volé par Arsène Pluni.

f. Le tableau était volé par Arsène Pluni.

g. Le tableau va être volé par Arsène Pluni.

h. Le tableau avait été volé par Arsène Pluni.

1. Arsène Pluni est en train de voler le tableau.
2. Arsène Pluni avait volé le tableau.
3. Arsène Pluni vole le tableau.
4. Arsène Pluni va voler le tableau.
5. Arsène Pluni volera le tableau.
6. Arsène Pluni a volé le tableau.
7. Arsène Pluni volait le tableau.
8. Arsène Pluni vient de voler le tableau

287 Transformez ces phrases passives en phrases actives.

Exemple : Le festival sera présidé par un grand artiste.

→ *Un grand artiste présidera le festival.*

a. Les élections viennent d'être remportées par la gauche.

→ ....

b. Le journal a été vendu par le groupe.

→ ....

c. Le projet de loi est en train d'être débattu par les députés.

→ ....

d. Les articles étaient rédigés par des pigistes.

→ ....

e. Les témoins sont entendus par la police.

→ ....

f. Les voisins vont être interrogés par les enquêteurs dans les prochaines heures.

→ ....

g. L'accusé avait été interpellé par les gendarmes deux semaines auparavant.

→ ....

h. L'inculpé aura été défendu deux fois par ses avocats.

→ ....

C. L'ÉQUIPE DE RÉDACTION

288 Cochez le mot qui convient.

Exemple : Il tape, relit et corrige le travail des auteurs.

       1. ☒ *le secrétaire de rédaction*   **2.** ☐ l'assistant de rédaction

a. Il écrit des articles.

    1. ☐ le journaliste   **2.** ☐ l'artisan

b. Il donne son avis sur des films, des spectacles ou des programmes de télévision.

    1. ☐ le testeur   **2.** ☐ le critique

c. Il travaille sur commande et est payé au nombre de lignes qu'il écrit.

    1. ☐ le pigiste   **2.** ☐ l'épisodique

d. Il dispose les articles et organise l'aspect visuel du journal.

    1. ☐ l'organisateur   **2.** ☐ le maquettiste

e. Il vend les journaux et les magazines.

    1. ☐ le commerçant   **2.** ☐ le marchand de journaux

f. Il photographie les événements.

    1. ☐ le photograveur   **2.** ☐ le photographe

g. Il supervise toute l'élaboration du journal.

    1. ☐ le directeur   **2.** ☐ le rédacteur en chef

h. Il fabrique le journal avec de l'encre et du papier.

    1. ☐ l'imprimeur   **2.** ☐ l'impressionniste

289 Notez *(O)* si les verbes peuvent être utilisés à la forme passive et *(N)* si ces verbes ne peuvent pas être employés à la forme passive.

Exemple : aller **N**

a. prendre ( )   e. installer ( )

b. parler ( )   f. dormir ( )

c. s'habiller ( )   g. marcher ( )

d. dire ( )   h. manger ( )

290 Transformez les phrases suivantes à la forme passive.

Exemple : De nombreux lecteurs apprécient vos articles.

    → *Vos articles sont appréciés par de nombreux lecteurs.*

a. Le rédacteur en chef a sélectionné des photos.

  → ....

b. Le secrétaire de rédaction relira les articles.

  → ....

c. Maxime relisait toujours le courrier des lecteurs.

  → ....

d. Le service abonnement envoie un exemplaire chaque jour.

→ ....

e. Louis a imaginé les dessins.

→ ....

f. Les enquêteurs vont interroger les voisins dans les prochaines heures.

→ ....

g. Les gendarmes avaient interpellé l'accusé deux semaines auparavant.

→ ....

h. Les avocats auront défendu deux fois l'inculpé.

→ ....

291 **Complétez les phrases suivantes librement à la forme passive.**

Exemple : Les articles *sont écrits par des journalistes.*

a. Les journaux ....

b. La mise en page ....

c. La nouvelle ....

d. Les photographes ....

e. Les abonnés ....

f. Le résultat de l'enquête ....

g. Une réunion ....

h. Les suspects ....

D. Rédiger un article

292 **Complétez les phrases à l'aide des mots proposés :** *tirage, une, gros titres, nouvelles, colonnes, chapeau, chronique, informations, éditorial.*

Exemple : La *une* est la première page d'un journal.

a. Les articles sont présentés en ....

b. Le .... est un texte court qui résume l'article.

c. Les .... sont les noms des principaux articles.

d. Le nombre d'exemplaires fabriqués s'appelle le ....

e. Le mot du rédacteur en chef s'appelle un ....

f. Une .... est régulière. Elle est écrite par un journaliste qui est spécialisé dans un domaine.

g. On dit « lire, voir, écouter les .... ».

h. On dit « regarder, voir, écouter les .... ».

293 Forme pronominale. Emploi réfléchi ou réciproque ? Cochez la bonne réponse.

Exemple : Elles vont se reposer.

  1. ☒ *réfléchi*   **2.** ☐ réciproque

a. Ils se sont écrit.

  1. ☐ réfléchi   **2.** ☐ réciproque

b. Elles se sont regardées dans la glace pour vérifier leur maquillage.

  1. ☐ réfléchi   **2.** ☐ réciproque

c. Ils se sont coupé la main.

  1. ☐ réfléchi   **2.** ☐ réciproque

d. Vous vous disputez tout le temps.

  1. ☐ réfléchi   **2.** ☐ réciproque

e. On s'est parlé au téléphone.

  1. ☐ réfléchi   **2.** ☐ réciproque

f. Il faut se distraire un peu !

  1. ☐ réfléchi   **2.** ☐ réciproque

g. Elles doivent se téléphoner.

  1. ☐ réfléchi   **2.** ☐ réciproque

h. On s'habillera là-bas.

  1. ☐ réfléchi   **2.** ☐ réciproque

294 Les verbes pronominaux réfléchis : accord des participes passés. Faites les accords si nécessaire.

Exemple : Elles se sont maquill**ées** avant l'interview.

a. Pauline s'est lavé......... les mains après l'enquête.

b. La victime s'est souvenu......... de son agresseur.

c. Nous nous sommes trompé......... de jour.

d. Vous vous êtes cassé......... la jambe après le tournoi ?

e. Clothilde s'est changé......... les idées.

f. Elles se sont mis......... à parler.

g. Nous nous sommes trouvé......... une pige.

h. Ils se sont dépêché..........

295 Les verbes pronominaux réciproques. Rayez les participes incorrects.

Le journaliste sportif et la critique littéraire.

Exemple : La première fois qu'ils se sont ~~vu~~/**vus**,

a. ils se sont détesté/détestés.

b. La première fois qu'ils se sont parlé/parlés,

c. ils se sont disputé/disputés.

d. Mais la première fois qu'ils se sont souri/souris,

e. ils se sont adoré/adorés.

f. Alors ils se sont écrit/écrits,

g. ils se sont envoyé/envoyés des fleurs,

h. et ils se sont marié/mariés.

296 **Complétez les mots à l'aide de** *son, sont, sson, ssons, çon* **ou** *çons.*

    Exemple : Les preuves *sont* évidentes.

a. Les soup................. se portent sur le jeune homme.

b. Le reporter est là avec .... photographe.

c. L'accusé vendait du poi................. sur les marchés.

d. Une ran................. a été demandée par les ravisseurs.

e. Nous fini................. un article sur le travail des femmes.

f. Nous n'avons pas entendu un .... de la voix du témoin.

g. Les journalistes .... bien payés ?

h. Choisi................. un titre !

297 **La forme pronominale. Écoutez les phrases et cochez pour signaler s'il y a un accord avec le sujet ou non.**

    Exemple : **1.** ☒ *accord*   **2.** ☐ pas d'accord

a. **1.** ☐ accord   **2.** ☐ pas d'accord

b. **1.** ☐ accord   **2.** ☐ pas d'accord

c. **1.** ☐ accord   **2.** ☐ pas d'accord

d. **1.** ☐ accord   **2.** ☐ pas d'accord

e. **1.** ☐ accord   **2.** ☐ pas d'accord

f. **1.** ☐ accord   **2.** ☐ pas d'accord

g. **1.** ☐ accord   **2.** ☐ pas d'accord

h. **1.** ☐ accord   **2.** ☐ pas d'accord

298 **À quel mode appartient le verbe pronominal de chaque phrase ? Soulignez la bonne réponse.**

    Exemple : Ils se sont échangé des informations sur l'enquête. subjonctif – <u>indicatif</u>

a. Elle a perdu son poste de rédactrice en se disputant avec ses collègues.

    gérondif – infinitif passé

b. Elle a voulu se rendre compte par elle-même.

    indicatif passé – infinitif présent

c. Reposez-vous avant le reportage !

    indicatif présent – impératif

d. Écrivez votre article avant qu'il se réveille.

    subjonctif présent – impératif

e. Ils se sont rappelé certains détails.

   indicatif passé – subjonctif passé

f. Après s'être enfui, le coupable a parcouru des dizaines de kilomètres.

   infinitif présent – infinitif passé

g. J'ai donné des informations avant de me renseigner sur leur véracité.

   infinitif présent – infinitif passé

h. Ne vous inquiétez pas pour lui.

   subjonctif présent – impératif

299 **Complétez l'article à l'aide des mots proposés :** *sais, c'est, ses, sait, s'est*.

C'est un miracle !

Le nageur qui .... qualifié hier, ne .... nager que depuis trois semaines ! .... amis sont ravis mais .... parents sont un peu inquiets pour demain. Personne ne .... s'il pourra renouveler son exploit mais ce jeune homme de 17 ans .... entraîné durement. Moi, je .... qu'il gagnera une médaille. .... sûr !

300 **Écrivez un fait divers à partir des informations proposées.**

Sujet : enlèvement d'un bébé

Auteur : un chien

Issue : le bébé est retrouvé sain et sauf

Conséquence : le chien et son maître sont en prison

....

....

....

....

....

....

....

....

....

XI. MOI ET LES AUTRES

A. ÊTRE SOCIABLE

301 Notez de 1 à 8, du plus proche au moins proche.

a. un proche ( )

b. un frère ( )

c. un ami ( )

d. une connaissance ( )

e. un inconnu ( )

f. une relation ( )

g. un collègue ( )

h. un pote ( )

302 Les sorties entre amis. Reliez pour retrouver à quelles activités correspondent ces expressions plus ou moins familières.

a. se balader

b. faire la teuf

c. s'éclater

d. guincher

e. se tirer

f. se faire une toile

g. prendre un verre

h. se faire une bouffe

1. s'amuser

2. aller dans un café

3. se promener

4. danser

5. voir un film au cinéma

6. faire la fête

7. partir

8. manger ensemble

303 Écoutez et cochez pour indiquer si la phrase exprime une demande polie, une suggestion ou un souhait.

Exemple : 1. ☒ demande polie   2. ☐ suggestion   3. ☐ souhait

a. **1.** ☐ demande polie   **2.** ☐ suggestion   **3.** ☐ souhait

b. **1.** ☐ demande polie   **2.** ☐ suggestion   **3.** ☐ souhait

c. **1.** ☐ demande polie   **2.** ☐ suggestion   **3.** ☐ souhait

d. **1.** ☐ demande polie   **2.** ☐ suggestion   **3.** ☐ souhait

e. **1.** ☐ demande polie   **2.** ☐ suggestion   **3.** ☐ souhait

f. **1.** ☐ demande polie   **2.** ☐ suggestion   **3.** ☐ souhait

g. **1.** ☐ demande polie   **2.** ☐ suggestion   **3.** ☐ souhait

h. **1.** ☐ demande polie   **2.** ☐ suggestion   **3.** ☐ souhait

304 Formation du conditionnel présent. Retrouvez l'infinitif des verbes proposés.

Exemple :   J'aimerais bien sortir. → *aimer*

a. Nous voudrions aller au restaurant. → ....

b. Pourrais-tu m'accompagner ? → ....

c. Tu ne ferais pas un tennis, demain ? → ....

d. Vous n'auriez pas envie d'une partie de billard ? → ....

e. Je prendrais bien l'air ! → ....

f. On serait bien dehors ? → ....

g. Nous souhaiterions visiter la ville. → ....

h. J'irais bien manger une glace ! → ....

305 Formation du conditionnel présent. Mettez les terminaisons des verbes proposés.

Exemple :   Tu ne voud**rais** pas venir avec nous la prochaine fois ?

a. Elle aimer......... visiter la Tour Eiffel.

b. On pourr......... sortir ensemble un de ces jours ?

c. Je ser......... ravie de me promener avec vous.

d. Nous écouter......... de la musique.

e. Il voudr......... voir un film japonais.

f. Elles souhaiter......... participer à nos sorties.

g. Vous n'aur......... pas une idée pour le week-end prochain ?

h. Ils pourr......... venir chez moi, par exemple ?

B. SUGGÉRER UNE SORTIE

306 Soulignez les mots qui permettent de suggérer une sortie.

Exemple :   Ça t'intéresse d'aller au cinéma ?

a. Si on allait au cinéma ?

b. Ça serait sympa d'aller au cinéma !

c. Tu n'aimerais pas aller au cinéma ?

d. Tu veux aller au cinéma ?

e. Tu n'as pas envie d'aller au cinéma ?

f. On pourrait aller au cinéma ?

g. Ça te dit d'aller au cinéma ?

h. Tu serais libre pour aller au cinéma ?

307 Transformez les informations suivantes comme dans l'exemple.

Exemple :   Aller au théâtre. → Si on *allait au théâtre ?*

a. M'inviter au restaurant. → Si tu ....

b. Faire une sortie. → Si on ....

c. Aller au musée. → Si nous ....

d. Venir chez moi. → Si tu ....

e. Danser. → Si on ....

f. Voir un film. → Si nous ....

h. Jouer au bowling. → Si nous ....

308 Transformez les questions en suggestions au conditionnel présent.

Exemple : Ça te dit de prendre un verre ? → **On pourrait prendre un verre ?**

a. Ça te dit de marcher un peu ? → ....

b. Ça te dit de faire un pique-nique ? → ....

c. Ça te dit d'aller en boîte ? → ....

d. Ça te dit d'écouter un concert ? → ....

e. Ça te dit de manger une choucroute ? → ....

f. Ça te dit de sortir ce soir ? → ....

g. Ça te dit de dîner au restaurant ? → ....

h. Ça te dit d'inviter nos amis ? → ....

309 Imaginez comment faire les suggestions suivantes.

Exemple : Faire partie d'une chorale. → **Faisons partie d'une chorale !**
                    → **On pourrait faire une partie d'une chorale !**

a. Observer les étoiles. → ....

b. Aller à un cours de danse. → ....

c. Participer à une chasse au trésor. → ....

d. Dévaliser les magasins. → ....

e. Se balader en forêt. → ....

f. Organiser une grande fête. → ....

g. Acheter des places de spectacle. → ....

h. Finir l'année ensemble. → ....

C. EXPRIMER UN SOUHAIT

310 Complétez les phrases en utilisant un verbe au conditionnel présent.

Exemple : J'*irais* bien à l'exposition Matisse !

a. Elle .... bien un match de basket !

b. On .... bien un peu de musique !

c. Tu .... bien avec nous !

d. Ils .... bien quelques kilomètres !

e. Il .... bien une soirée en boîte !

f. Vous .... bien une sieste !

g. Elles .... bien une glace !

h. Nous .... bien aux cartes !

311 Complétez les phrases avec l'indicatif, l'infinitif ou le subjonctif.

Exemple : On va à la rivière. → J'aimerais bien *qu'on aille à la rivière.*

a. Nous faisons une randonnée en montagne. → Il veut ....

....

b. Vous préparez Noël. → Elles voudraient ....

c. Il promène le chien. → Je souhaite ....

d. Vous changez de programme. → Vous désirez ....

e. Il offrira un cadeau à son amie. → Nous espérons ....

f. Nous allons en ville. → Ça me ferait plaisir ....

g. On prend des photos. → Tu voudrais ....

h. Tu fabriques un meuble. → Tu as envie ....

D. EXPRIMER UNE PRÉFÉRENCE

312 Soulignez les mots qui permettent d'exprimer une préférence.

Exemple : Je préférerais faire du ski.

a. J'aimerais mieux rester à la maison.

b. Ce serait mieux de manger dehors !

c. Il serait préférable que nous sortions de bonne heure !

d. Entre aller au théâtre et rester à la maison, je choisis le théâtre.

e. Je préfère visiter la ville à vélo !

f. Rencontrer des gens c'est bien mieux que de rester seul chez soi !

g. La mer, c'est super, la piscine c'est nul !

h. J'aime mieux lire des romans !

313 Transformez les éléments proposés pour exprimer vos préférences.

Exemple : Nager ou marcher ?

→ *J'aimerais mieux nager que marcher !*

a. Écouter du jazz ou du rock ?

→ ....

b. Partir maintenant ou ce soir ?

→ ....

c. Un gâteau au chocolat ou au café ?

→ ....

d. Le bleu ou le rouge ?

→ ....

e. La mer ou la montagne ?

→ ....

f. Le sport ou la musique ?

→ ....

g. Lire ou écrire ?

→ ....

h. Aller au théâtre ou au cinéma ?

→ ....

E. DEMANDER POLIMENT

314 **Notez les phrases de 1 à 8, de la plus polie à la moins polie.**

a. Vous m'aidez ? (   )

b. Pourriez-vous m'aider, s'il vous plaît ? (   )

c. Ça vous fatiguerait beaucoup de m'aider ! (   )

d. Aidez-moi, s'il vous plaît ! (   )

e. Ce serait très gentil à vous de m'aider ! (   )

f. Vous voulez bien m'aider ? (   )

g. Vous pourriez pas m'aider, non ? (   )

h. Ça ne vous ennuie pas de m'aider, s'il vous plaît ? (   )

315 **Transformez ces demandes à l'aide du conditionnel.**

Exemple : Faire un gâteau pour mon anniversaire.

→ *Est-ce que vous seriez d'accord pour faire un gâteau pour mon anniversaire ?*

a. Choisir un restaurant pour nous.

→ ....

b. Venir chez moi pour réparer une lampe.

→ ....

c. Fermer la fenêtre.

→ ....

d. Vous occuper du vin.

→ ....

e. Servir les invités.

→ ....

f. Ouvrir cette boîte.

→ ....

g. Apporter du champagne.

→ ....

h. Fermer la porte en sortant.

→ ....

F. ORGANISER UNE SORTIE CINÉMA

316 **Complétez le dialogue à l'aide des mots proposés :** *affiche, billets, séance, réalisateur, salle, effets spéciaux, toile, adaptation, acteurs*.

– On se fait une ***toile***, ce soir ?

– Oui, qu'est-ce qu'il y a à l'.................................... ?

– Le nouveau film de Lionel Vouney passe au Rex.

– J'adore ce .... ! De quoi parle le film ?

– C'est une.................................... du roman de Mélina Ferma. Ça a l'air pas mal, c'est avec plein d'....................................

– C'est avec quels .... ?

– Avec Lili Mok et Louis Devu.

– On va à quelle .... ?

– À celle de 20 heures !

– D'accord ! On se retrouve devant la .... ?

– Oui, le premier qui arrive achète les ....

317 **Les pronoms interrogatifs. Réécrivez chaque question en précisant ce que le pronom interrogatif remplace.**

Exemple : Lequel de ces films voudrais-tu voir ?

→ ***Quel film voudrais-tu voir ?***

a. À laquelle de ces séances veux-tu aller ?

→ ....

b. Lesquels de ces réalisateurs aimes-tu ?

→ ....

c. Lesquelles de ces salles préférez-vous ?

→ ....

d. Avec lequel de ces acteurs aimerais-tu être en ce moment ?

→ ....

e. Pour lequel de ces réalisateurs aimeriez-vous travailler ?

→ ....

f. Laquelle de ces places veux-tu revendre ?

→ ....

g. Lesquels de ces sièges te semblent plus confortables ?

→ ....

h. Lesquelles de ces critiques as-tu lues ?

→ ....

318 Transformez chaque question en utilisant un pronom interrogatif.

> *Exemple :* Quel festival préfères-tu ?
>
> → *Lequel préfères-tu ?*

a. Quels effets spéciaux ont-ils appréciés ?

→ ....

b. À quelle séance allons-nous ?

→ ....

c. Quel genre de film appréciez-vous ?

→ ....

d. Pour quelle actrice as-tu une préférence ?

→ ....

e. Avec quels amis veux-tu aller au ciné ?

→ ....

f. Vous ne pouvez rien voir sans quelles lunettes ?

→ ....

g. Quel film avez-vous vu ?

→ ....

h. Quelles sont les places que vous avez gardées ?

→ ....

319 Les pronoms démonstratifs. Notez ce que ces pronoms soulignés remplacent.

> *Exemple :* Le film d'aujourd'hui était bien mais j'ai préféré celui d'hier ! → *le film*

a. Les critiques de *Libé* ne sont pas mal mais je préfère celles de *Télérama* !

→ ....

b. Quelle séance préférerais-tu ? Celle de 16 heures ou celle de 18 heures ?

→ ....

c. C'est l'acteur qui joue dans *Le bruit des moutons* ? Non, c'est celui qui joue dans *Les évadés*. → ....

d. C'est la salle dont tu m'as parlé ? Oui, c'est celle qui a un son parfait !

→ ....

e. C'est le cinéma que tu aimes bien ? Oui, c'est celui qui est si agréable !

→ ....

f. Regarde ! Ce sont les jeunes qui étaient assis à côté de nous ? Oui, ce sont ceux qui ont parlé tout le temps ! → ....

g. Les caissières de cette salle sont sympas ! Oui, elles ne sont pas comme celles de l'autre salle ! → ....

h. Ceux qui aiment les films d'horreur me font peur ! → ....

320 Les pronoms démonstratifs. Complétez les réponses aux questions.

Exemple : Laquelle de ces salles préférez-vous ? **Celle qui** se trouve près de la gare.

a. Lequel de ces acteurs as-tu aimé ? .... avait une barbe.

b. Lesquelles de ces musiques étaient dans le film ? .... nous venons d'écouter.

c. Lesquels de ces films vas-tu revoir ? ....

d. Tu as choisi quelle affiche ? J'ai choisi ....

e. On le connaît cet acteur ? Oui, c'est .... je t'ai parlé.

f. Tu aimes les pop-corn ? Oui, ... je préfère sont salés.

g. Vous avez vu quel film ? .... était en V.O.

h. Tu les reconnais ? Oui, ce sont .... se sont endormis dans la salle.

321 Complétez les phrases à l'aide de *cel, cell, celle, celles, sel, selle* **ou** *sselle*.

Exemple : Je n'aime pas la **selle** de ce poney !

a. Je ne suis pas .... que vous croyez !

b. J'adore la musique ....tique.

c. La musique est le .... de la vie !

d. Cette caméra est équipée d'une ....ule photoélectrique très sensible.

e. Je déteste faire la vai................................ !

f. Je voudrais voir ....-ci. Elles semblent très jolies.

g. Ils ont mis trop de .... sur ces pop-corn.

h. Pierre faisait de l'équitation mais il est tombé de sa ....

322 Écoutez et trouvez de quoi ou de qui ces personnes parlent parmi les mots proposés : *l'affiche, les billets, le réalisateur, les musiciens, les séances, l'actrice, les critiques, les effets spéciaux, les places.*

Exemple : **l'actrice**

a. .... e. ....

b. .... f. ....

c. .... g. ....

d. .... h. ....

323 Rayez ce qui ne convient pas dans cette conversation téléphonique.

– J'irais **bien**/~~mieux~~ au cinéma ! Ça te parle/dit de regarder/voir un film ?

– Oui, quel film est-ce que tu proposes ?

– Un policier, ça t'intéresse ?

– J'aimerais mieux/bien un film d'amour !

– Laquelle/Lequel ?

– Celle/Celui qui passe Place Léonard !

– C'est entendu !

– D'accord ! À quelle heure ?

– À l'heure/la séance de 21 heures !

– D'accord ! On se retrouve/rencontre où ?

– Est-ce que tu pourrais/souhaiterais venir me chercher chez moi en voiture ?

G. INVITER OU ÊTRE INVITÉ(E)

324 Écoutez et trouvez en quel honneur ces personnes formulent leurs invitations : *retrouvailles, mariage, embauche, repas d'affaires, anniversaire, réussite à un examen, réveillon du jour de l'an, crémaillère, sans raison.*

Exemple : **anniversaire**

a. ....   e. ....

b. ....   f. ....

c. ....   g. ....

d. ....   h. ....

325 Mettez les phrases dans l'ordre afin de former des invitations.

Exemple :   heureux/serions/invités/Nous/./parmi/compter/vous/très/de/nos

→ ***Nous serions très heureux de vous compter parmi nos invités.***

a. mon/./voudrais/à/soyez/anniversaire/vous/Je/que/présents

→ ....

b. pouviez/génial/Ce/si/être/vous/serait/là/.

→ ....

c. là/aimerais/sois/./que/J'/tu/bien

→ ....

d. ?/seras/-/ce/libre/soir/tu/que/là/Est/-/ce

→ ....

e. soir/attendons/!/vous/demain/Nous

→ ....

f. pourras/?/venir/Tu

→ ....

g. serez/./avec/J'/que/nous/espère/vous

→ ....

h. as/!/intérêt/venir/à/Tu

→ ....

326 Complétez les phrases à l'aide des mots suivants : *emmener, amener, ramener, apporter* **ou** *emporter.*

Exemple :   Qu'est-ce que tu veux que j'**apporte** ?

a. Tu .... qui tu veux bien sûr !

b. Vous allez .... du gâteau, il en reste plein !

c. Tu m'.................................. en voiture chez eux ?

d. Je me suis permise d'.................................. Jean avec moi !

e. Il ne fallait rien .... ! Nous n'avions besoin de rien !

f. Ils sont partis en .... les couverts !

g. Ça ne t'ennuie pas de me .... chez moi ? Je suis très fatiguée !

h. Viens ! Je t'.................................. à la fête du village !

327 Rayez les choses qu'on n'a pas coutume d'apporter lorsqu'on est invité à dîner chez des amis.

  Exemple : ~~du lait~~ – *du champagne*

a. de la viande – des chocolats

b. des fleurs – des serviettes

c. un gâteau – du pain

d. du café – une tarte

e. une glace – des yaourts

f. du vin – des œufs

g. des bougies – des bonbons

h. une plante – un tapis

328 Écoutez et notez oui *(O)* si les personnes vont accepter ces invitations ou non *(N)*, si ce n'est pas le cas.

  Exemple : **O**

a. ( )   e. ( )

b. ( )   f. ( )

c. ( )   g. ( )

d. ( )   h. ( )

329 Notez de 1 à 8 pour reconstituer la lettre dans le bon ordre.

  Chère amie,

a. Amicalement. Pierre et Marthe ( )

b. Nous vous prions de bien vouloir nous en excuser. ( )

c. Dans cette attente, nous vous souhaitons un très heureux anniversaire. ( )

d. Nous avons bien reçu votre invitation à votre anniversaire ( )

e. Nous serons en voyage ce jour-là ( )

f. Nous espérons que nous aurons l'occasion de vous voir prochainement. ( )

g. et nous vous en remercions. ( )

h. et nous ne pourrons malheureusement pas être parmi vous. ( )

330 Vous êtes invité(e) au mariage de vos amis d'enfance. Vous avez trop de travail et vous ne pourrez pas être présent(e). Vous écrivez pour vous excuser.

....

....

....

....

....

....

....

....

XII. J'ADORE

A. ALLER AU RESTAURANT

331 Reliez pour retrouver la définition de ces mots.

a. une brasserie — 1. Nom familier pour café.

b. un bistro — 2. On y boit du café, du thé, du chocolat...

c. un rade — 3. Grand café-restaurant.

d. un troquet — 4. Nom familier pour signifier un restaurant de second ordre.

e. un bouiboui — 5. Restaurant scolaire ou d'entreprise.

f. un café — 6. Synonyme de café.

g. une cantine — 7. On y boit de tout, on peut y manger des sandwiches.

h. un salon de thé — 8. Autre nom familier pour café.

332 Complétez les phrases à l'aide des mots proposés : *couverts, addition, nappe, dessert, carte, plat, réservation, apéritif, menu.*

> **Exemple :** Dans certains restaurants, une **réservation** est indispensable si on veut avoir une place.

a. Réserver pour deux personnes c'est réserver deux ....

b. Sur la table, il y a une .... en tissu ou parfois en papier.

c. Un .... est une formule à prix fixe qui propose un choix limité.

d. Si vous voulez choisir sans contraintes, vous mangerez « à la .... ».

e. Avant de manger, une boisson est parfois proposée aux clients. C'est un ....

f. Après l'entrée, vient le .... principal.

g. En général, le choix est laissé entre le fromage ou le ....

h. Pour payer, il faut demander l'.....................................

333 L'hypothèse. Reliez ces hypothèses à leur conséquence.

a. Si j'aimais les œufs,   1. les serviettes seraient en tissu.

b. Si j'allais au resto,   2. j'en mangerais.

c. Si tu étais gentil,   3. tu m'inviterais au restaurant quelquefois !

d. Si tu ne détestais pas le poisson, — 4. on irait au restaurant une fois par semaine !

e. Si on habitait en ville, — 5. je la ferais réchauffer.

f. Si cette brasserie était correcte,   6. tu pourrais prendre celui-là.

g. Si les serveurs étaient aimables,   7. je leur demanderais du pain.

h. Si la soupe était froide,   8. je réserverais trois jours à l'avance !

334 L'hypothèse. Complétez les phrases à l'aide des verbes entre parenthèses.

Exemple : Si le menu était moins cher, nous **mangerions** (manger) là !

a. Si on avait de l'argent, on .... (aller) dans un grand restaurant.

b. S'il y avait moins de monde, on .... (pouvoir) manger là !

c. Si les tables étaient carrées, ce .... (être) moins joli.

d. Si je pouvais, je vous .... (inviter) !

e. Si tu aimais la nourriture exotique, je t'................................... (emmener) dans un resto indien !

f. Si vous étiez gourmand, vous .... (commander) ce plat.

g. Si cet endroit n'existait pas, il .... (falloir) l'inventer.

h. Si la cuisine était bonne, ça se .... (savoir) !

335 Faites des phrases à l'aide des indications proposées.

Exemple : manger/grossir

→ Si je **mangeais au restaurant tous les jours, je grossirais.**

a. être/être

→ Si le chef ....

b. changer/devenir

→ Si tu ....

c. vouloir/pouvoir

→ Si tu ....

d. faire/rester

→ S'il ....

e. lire/savoir

→ Si vous ....

f. oser/commander

→ Si j'...

g. falloir/manger

→ S'il ....

h. aller/perdre

→ Si on ....

B. EXPRIMER SES GOÛTS

336 Notez de 1 à 8, du plus aimé au moins aimé.

a. J'aime bien. (   )   e. J'aime un peu. (   )

b. Je déteste. (   )   f. J'aime beaucoup. (   )

c. Je n'aime pas beaucoup. (   )   g. Je n'aime pas. (   )

d. J'adore. (   )   h. Je n'aime pas du tout. (   )

337 Notez *(+)* ou *(–)* selon que l'adjectif est positif ou négatif.

Exemple : délicieux *(+)*

a. dégoûtant (   )

b. fade (   )

c. raffiné (   )

d. amer (   )

e. exquis (   )

f. excellent (   )

g. quelconque (   )

h. savoureux (   )

338 Complétez le dialogue à l'aide des mots proposés : *avis, trouve, soit, d'après, délicieux, satisfait, déteste, salées, plaît.*

Exemple : C'est *délicieux*, tu ne trouves pas ?

a. Non , je .... ce restaurant.

b. Moi, ça me .... beaucoup !

c. Je trouve que les entrées sont trop ....

d. Moi, non. Je ne .... pas qu'elles soient trop salées.

e. Et puis, je ne pense pas que mettre du chocolat dans les pâtes .... une bonne idée.

f. .... moi, c'est original.

g. À mon ...., c'est surtout écœurant!

h. Tu n'es jamais .... de toute façon !

339 Écoutez ces phrases et cochez pour indiquer si le verbe d'opinion entraîne un subjonctif ou un indicatif.

Exemple : **1.** ☒ *indicatif*   **2.** ☐ subjonctif

a. **1.** ☐ indicatif   **2.** ☐ subjonctif

b. **1.** ☐ indicatif   **2.** ☐ subjonctif

c. **1.** ☐ indicatif   **2.** ☐ subjonctif

d. **1.** ☐ indicatif   **2.** ☐ subjonctif

e. **1.** ☐ indicatif   **2.** ☐ subjonctif

f. **1.** ☐ indicatif   **2.** ☐ subjonctif

g. **1.** ☐ indicatif   **2.** ☐ subjonctif

h. **1.** ☐ indicatif   **2.** ☐ subjonctif

340 Complétez les phrases à l'aide du verbe entre parenthèses au mode qui convient.

Exemple : Je trouve que cette glace *est* (être) fabuleuse !

a. Je ne crois pas que le rôti de veau .... (aller) bien avec les pruneaux.

b. Je doute que la viande .... (cuire) bien dans cette cocotte.

c. Je suis certaine que ma salade .... (avoir) du succès.

d. Croyez-vous que le serveur .... (faire) aussi la cuisine ?

e. Je crois que cette serviette n'................................... (être) pas tout à fait propre.

f. Je ne pense pas que les clients .... (revenir) dans cette brasserie !

g. Je ne trouve pas que déjeuner ici .... (être) une bonne idée.

h. Je ne suis pas sûr qu'ils .... (servir) des fruits de mer.

341 Complétez les phrases à l'aide de : *ail, aille, ailles* **ou** *aillent*.

　　Exemple : Il n'aime pas l'**ail** !

a. Je voudrais que tu .... chercher du pain dans la cuisine.

b. La restauration demande beaucoup de trav........................

c. La serveuse a proposé des c........................ farcies.

d. C'est incroyable qu'il f........................ hurler pour être servi !

e. Il boit son vin avec une p........................

f. Le cuisinier t........................ une belle pièce de bœuf.

g. Les serveuses trav........................ tard le soir.

h. Ce plat est à base d'........................ et de persil.

342 *Moi aussi* **ou** *moi non plus*. **Vous êtes d'accord avec votre interlocuteur(trice). Répondez-lui !**

　　Exemple : J'adore la pizza ! – ***Moi aussi.***

a. J'aime la viande. – ....

b. Je ne prends jamais de café après les repas. – ....

c. Je déteste les œufs. – ....

d. Je n'aime pas le poisson. – ....

e. Je ne mange presque pas de crudités. – ....

f. Je raffole des légumes. – ....

g. Je voudrais du pain. – ....

h. Je ne déteste pas la salade. – ....

343 *Moi si* **ou** *moi non*. **Vous n'êtes pas d'accord avec votre interlocuteur(trice). Dites-le-lui en cochant la bonne réponse.**

　　Exemple : Je ne supporte pas les fruits de mer ! **1.** ☒ *Moi si* **2.** ☐ Moi non

a. Je n'aime pas la soupe. **1.** ☐ Moi si **2.** ☐ Moi non

b. Je ne mange jamais de gâteaux. **1.** ☐ Moi si **2.** ☐ Moi non

c. Je déteste le fromage. **1.** ☐ Moi si **2.** ☐ Moi non

d. Je suis folle de moutarde. **1.** ☐ Moi si **2.** ☐ Moi non

e. Je ne vais jamais au restaurant. **1.** ☐ Moi si **2.** ☐ Moi non

f. Je trouve ça super, la cuisine chinoise ! **1.** ☐ Moi si **2.** ☐ Moi non

g. Je ne veux pas de dessert. **1.** ☐ Moi si **2.** ☐ Moi non

h. J'adore le pain. **1.** ☐ Moi si **2.** ☐ Moi non

344 **Exprimez vos goûts selon les indications de la phrase.**

　　Exemple : Je déteste le concombre ! – ***Moi si.*** J'aime ça.

a. Je n'aime pas beaucoup la charcuterie. – .... C'est mauvais pour la santé !

b. Je ne supporte pas les yaourts. – .... J'adore ça !

c. Je mange beaucoup de riz. – .... C'est excellent !

d. Je ne peux pas résister à du chocolat – .... C'est mon pêché mignon !

e. Je ne mange que des fruits. – .... Je mange de tout.

f. J'adore faire la cuisine. – .... Je préfère aller au restaurant.

g. J'aime la nourriture épicée. – .... J'aime beaucoup ça !

h. Je ne veux pas de dessert. – .... Je n'ai plus faim !

345 Complétez les phrases à l'aide de : *phins, faim, fum, fin* **ou** *feint*.

Exemple : Ne pars pas avant la **fin** du repas !

a. J'ai très ....

b. Le goût de cette soupe est très ....

c. Ces épices ont un par.......................... extraordinaire.

d. Le plat est trop ...., il va se casser.

e. Les dau.........................., sur cette nappe, sont très jolis.

f. En.......................... le dessert !

g. Elle .... d'ignorer les chocolats.

h. J'apprends à cuisiner a.......................... de manger tout ce que j'aime à la maison.

C. COMMANDER AU RESTAURANT

346 Écoutez et soulignez pour indiquer qui parle.

Exemple : <u>client</u> – serveur

a. client – serveur

b. client – serveur

c. client – serveur

d. client – serveur

e. client – serveur

f. client – serveur

g. client – serveur

h. client – serveur

347 Reliez ces plats aux ingrédients qui les composent.

a. la choucroute

b. le pot-au-feu

c. le cassoulet

d. la bouillabaisse

e. la raclette

f. la ratatouille

g. le soufflé au fromage

h. le bœuf bourguignon

1. Différents poissons, des langoustines, des crevettes, du vin blanc.

2. Du chou, des pommes de terre, des saucisses, de la poitrine de porc.

3. Du porc, du mouton, des haricots blancs, des saucisses.

4. Du fromage fondu, du jambon, des pommes de terre.

5. De la viande de bœuf, du vin rouge, des champignons.

6. Des aubergines, des courgettes, des tomates, des oignons, de l'huile d'olive.

7. De la farine, des œufs, du beurre, du lait, du fromage.

8. De la viande de bœuf, des carottes, des poireaux, du céleri, des navets.

348 Rayez le mot qui ne convient pas.

Exemple : ~~Pour~~/**Comme** vous pouvez le constater, j'aime le chocolat.

a. Qu'est-ce que vous avez pour/comme dessert ?

b. Vous nous rejoindrez pour/comme le dessert.

c. Vous désirez une cuillère pour/comme manger vos pâtes ?

d. Je vais prendre une soupe pour/comme toi. J'ai envie d'essayer.

e. Voulez-vous que je passe commande pour/comme vous ?

f. Pour/Comme entrée, je vais prendre des crudités.

g. Pour/Comme commencer, je vous conseille un feuilleté aux asperges.

h. Je ne mangerai ça pour /comme rien au monde !

349 Complétez les phrases à l'aide de : *vain, vin, vins* ou *vingt*.

Exemple : C'est un grand **vin** de Bordeaux.

a. Nous avons attendu notre plat en ....

b. Le millésime du siècle ? C'est mille neuf cent quatre-........................-neuf.

c. Quel .... proposez-vous ?

d. Nous avons réservé une ....aine de couverts.

e. Ce plat est absolument di........................ !

f. Le serveur m'a con........................cu de prendre cette entrée.

g. Les Français sont chau........................ dès qu'il s'agit de cuisine.

h. Ce chef est le grand ....queur d'un concours de cuisine.

350 Notez de 1 à 8, du moins cuit au plus cuit.

a. brûlé (   )

b. à point (   )

c. cru (   )

d. carbonisé (   )

e. bleu (   )

f. bien cuit (   )

g. saignant (   )

h. trop cuit (   )

D. Déguster

351 Les pronoms possessifs. Reliez les éléments pour former des phrases.

a. Ton plat est fade mais

b. Ta soupe est trop chaude,

c. Tes légumes sont délicieux,

d. Ma glace est au chocolat et

e. Nos assiettes sont grandes,

f. Votre restaurant est ouvert,

g. Mon café est doux,

h. Votre table est près de la fenêtre,

1. la nôtre est près de la porte.

2. les vôtres sont petites.

3. la mienne est trop froide.

4. le sien est amer.

5. le mien est relevé.

6. les leurs sont dégoûtants.

7. le nôtre est fermé.

8. la tienne est au café.

352 Les pronoms possessifs. Transformez les phrases comme dans l'exemple.

Exemple : Mon steak est trop cuit. → *Le mien est trop cuit.*

a. Tes œufs sont brouillés. → ....

b. Sa purée n'est pas salée. → ....

c. Notre repas était exquis. → ....

d. Votre viande est crue. → ....

e. Leur verre est vide. → ....

f. Leur serviette est tombée. → ....

g. Vos haricots sont fins. → ....

h. Leurs tables sont réservées. → ....

353 Les pronoms possessifs. Imaginez ce que les pronoms remplacent.

Exemple : Les miennes sont excellentes !

→ *Mes pâtes sont excellentes !*

a. Le tien sent mauvais.

→ ....

b. Le vôtre manque de sel.

→ ....

c. La nôtre est bonne.

→ ....

d. Les siennes sont délicieuses.

→ ....

e. Nous attendons les nôtres.

→ ....

f. Je suis impatiente d'avoir les miens.

→ ....

g. Elle n'a pas mangé la sienne.

→ ....

h. Le leur est resté sur la nappe.

→ ....

E. FAIRE LA CUISINE

354 Soulignez les fruits parmi les mots proposés.

Exemple : une courgette – une framboise

a. une nectarine – une betterave

b. une endive – une prune

c. un navet – un ananas

d. une framboise – un fenouil

e. un champignon – une figue

f. une mûre – une aubergine

g. une fraise – un céleri

h. un poireau – une poire

355 Complétez les mots suivants par des lettres afin de retrouver des plantes aromatiques utilisées en cuisine.

Exemple : **rom**arin

a. th.........

b. ci........ulette.

c. pe.........il.

d. ....uge.

e. lauri.........

f. cor.........ndre.

g. mar.........laine.

h. basi........c.

356 Rayez les mots qui ne sont pas des ustensiles de cuisine.

Exemple : **une passoire** – ~~une pastèque~~

a. une salade – un saladier

b. une cuillère – une cuillerée

c. une casserole – une cassolette

d. une bolée – un bol

e. un faitout – une farce

f. une bouchée – une louche

g. une poire – une écumoire

h. une poêle – une poêlée

357 Complétez les phrases à l'aide des verbes proposés : *hacher, mélanger, éplucher, battre, frire, essuyer, verser, couper, étaler.*

Exemple : Quand je cuisine, j'ai toujours besoin d'un torchon pour m'**essuyer** les mains.

a. Un économe est un couteau spécial qui sert à .... les pommes de terre.

b. J'ai besoin d'un rouleau pour .... la pâte à tarte.

c. Est-ce que tu peux me passer une cuillère en bois pour .... ces ingrédients ?

d. Prends un couteau pour .... tes légumes.

e. Il faut faire .... ce poisson dans une poêle ou dans une friteuse.

f. Pour .... cet oignon, tu peux le mettre dans le robot.

g. Il a pris le fouet et je ne sais pas comment .... les œufs.

h. Tu dois .... le lait progressivement dans la casserole.

358 Reliez les parties de ces phrases typiques des recettes de cuisine.

a. Battez

b. Étalez

c. Laissez mijoter

d. Faites revenir

e. Laissez reposer

f. Saupoudrez

g. Faites fondre

h. Portez

1. à ébullition.

2. les oignons dans un peu d'huile.

3. de sucre glace.

4. la pâte sur une plaque.

5. les œufs en neige.

6. le beurre dans une casserole.

7. à feu doux.

8. au réfrigérateur.

359 Révision des partitifs. Voici les ingrédients nécessaires à la préparation des crêpes. Rappelez ce qu'il faut.

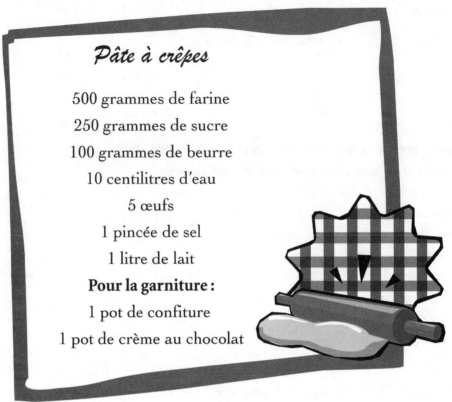

Pâte à crêpes

500 grammes de farine

250 grammes de sucre

100 grammes de beurre

10 centilitres d'eau

5 œufs

1 pincée de sel

1 litre de lait

Pour la garniture :

1 pot de confiture

1 pot de crème au chocolat

Exemple : Pour faire des crêpes, il faut : *de la farine*

a. ....

b. ....

c. ....

d. ....

e. ....

f. ....

g. ....

h. ....

360 Notez de 1 à 8 pour remettre la recette des crêpes dans l'ordre.

Mélangez les œufs, le sucre et le sel dans un grand saladier.

a. Laissez reposer la pâte une heure au réfrigérateur. (   )

b. Incorporez petit à petit le lait en remuant pour ne pas faire de grumeaux. (   )

c. Dégustez les crêpes avec du sucre, du chocolat ou des fruits frais. (   )

d. Recommencez l'opération. (   )

e. Retournez la crêpe après quelques minutes de cuisson. (   )

f. Dans une poêle, faites fondre le beurre. (   )

g. Attendez encore un peu puis déposez la crêpe sur une assiette. (   )

h. Versez une demi-louche de pâte à crêpes et étalez-la au maximum. (   )

XIII. LES FRICTIONS

A. LE CONFLIT

361 Écoutez et cochez pour indiquer si les phrases entendues expriment l'accord ou le désaccord.

Exemple :   **1.** ☒ *accord*   **2.** ☐ désaccord

a. **1.** ☐ accord   **2.** ☐ désaccord
b. **1.** ☐ accord   **2.** ☐ désaccord
c. **1.** ☐ accord   **2.** ☐ désaccord
d. **1.** ☐ accord   **2.** ☐ désaccord
e. **1.** ☐ accord   **2.** ☐ désaccord
f. **1.** ☐ accord   **2.** ☐ désaccord
g. **1.** ☐ accord   **2.** ☐ désaccord
h. **1.** ☐ accord   **2.** ☐ désaccord

362 Les causes du conflit. Complétez les phrases à l'aide des verbes que vous conjuguerez au passé composé : *trahir, insulter, se moquer de, mentir, frapper, offenser, provoquer, blesser, voler.*

Exemple :   Il ne nous a pas dit la vérité. Il nous **a menti.**

a. Elle a volé Pauline. Elle l' ....
b. On leur a dit des choses méchantes. On les ....
c. Vous nous avez fait mal. Vous nous ....
d. Ils ont giflé Léa et Hector. Ils les ....
e. Tu as cherché la bagarre. Tu m'...
f. Il a ri de la taille de Damien. Il .... lui.
g. J'ai vendu la voiture de Fabienne sans lui dire. Je l'...
h. Nous avons manqué de respect envers Corinne. Nous l' ....

363 La dispute. Complétez les phrases à l'aide des mots proposés : *importe, énerves, dire, en, adresse, gueule, taire, faire, cause.*

Exemple :   J'**en** ai marre de toi !

a. Tu m'................................. !
b. Ne m'.................................. plus jamais la parole !
c. .... toujours !
d. Tu dis n'.................................. quoi !

e. Ta .... !

f. Va te .... voir !

g. Tu ferais mieux de te .... !

h. Arrête de .... des bêtises !

364 Complétez les phrases à l'aide des éléments proposés. Vous devez choisir entre l'infinitif, le subjonctif ou un nom.

Exemple : Tu n'es pas poli. Je regrette que **tu ne sois pas poli.**

a. Tu ne fais jamais la vaisselle. Je te reproche de ....

b. Tu es insolent. Je déplore ton ....

c. Tu ne fais rien. Je t'en veux de ....

d. Tu mens. Je ne pardonne pas tes ....

e. Tu dis des idioties. Je suis fou de rage que ....

f. Tu ne m'aides pas. Je suis furieuse que ....

g. Tu me parles mal. Je n'accepte pas que ....

h. Tu es stupide. Dommage que ....

365 Rayez les verbes qui n'expriment pas une situation conflictuelle.

Exemple : se froisser – se~~détendre~~

a. se mettre en colère – se mettre en quatre

b. se délecter – se fâcher

c. se rassasier – s'irriter

d. s'énerver – se valoriser

e. sortir de sa torpeur – sortir de ses gonds

f. s'emporter – emporter

g. se féliciter – s'offusquer

h. en vouloir – s'en faire

366 Complétez les phrases à l'aide de : *mais, met, mets, mes* ou *m'est.*

Exemple : Il **met** une heure à se préparer !

a. Elle a pris .... affaires !

b. Tu crois avoir raison .... tu as tort !

c. Il .... difficile de te faire confiance !

d. Ça .... égal ! Je ne veux plus te voir !

e. S'il continue, je lui .... mon poing sur la figure !

f. J'essaie de t'expliquer .... tu ne m'écoutes pas !

g. Ne te .... pas en colère comme ça !

h. .... arguments sont solides !

367 Formation du conditionnel passé. Mettez les verbes proposés au conditionnel passé.

Exemple : aller. → Tu **serais allé(e).**

a. prendre. → Nous ....

b. faire. → Elle ....

c. partir. → Vous ....

d. voir. → J' ....

e. se fâcher. → Ils ....

f. attendre. → On ....

g. mettre. → Elles ....

h. venir. → Il ....

368 Les regrets. Transformez les phrases suivantes à l'aide du verbe *devoir* au conditionnel passé.

Exemple : Il n'y a plus de place dans le restaurant. On **aurait dû réserver.**

a. Nous sommes en retard. Nous ....

b. Le spectacle était super ! Tu ....

c. J'ai faim. J' ....

d. Il fait froid. Vous ....

e. J'étais absente quand tu es venu. Tu ....

f. Il pleut. On ....

g. On ne peut pas se garer. Nous ....

h. J'ai perdu mes clés. J' ....

369 *Tant pis* ou *tant mieux*. Écoutez et cochez la réponse que vous donneriez.

Exemple : **1.** ☐ Tant pis   **2.** ☒ *Tant mieux*

a. **1.** ☐ Tant pis   **2.** ☐ Tant mieux

b. **1.** ☐ Tant pis   **2.** ☐ Tant mieux

c. **1.** ☐ Tant pis   **2.** ☐ Tant mieux

d. **1.** ☐ Tant pis   **2.** ☐ Tant mieux

e. **1.** ☐ Tant pis   **2.** ☐ Tant mieux

f. **1.** ☐ Tant pis   **2.** ☐ Tant mieux

g. **1.** ☐ Tant pis   **2.** ☐ Tant mieux

h. **1.** ☐ Tant pis   **2.** ☐ Tant mieux

370 Complétez les définitions à l'aide des verbes pronominaux proposés : *se battre, se disputer, se chamailler, se fâcher, s'insulter, s'ignorer, se brouiller, s'engueuler, se quereller*.

Exemple : Se mettre en colère. → **se fâcher.**

a. Discuter vivement mais sans gravité. → ....

b. Ne plus avoir de relation amicale. → ....

c. Discuter vivement (en langage soutenu). → ....

d. Discuter vivement (en langage standard). → ....

e. Discuter vivement (en langage familier). → ....

f. Se dire des choses méchantes. → ....

g. Discuter violemment ou utiliser les mains. → ....

h. Ne plus se considérer. → ....

B. LES REPROCHES

371 Retrouvez les protestations qui correspondent aux définitions.

Exemple : C'est une chose que l'on ne peut pas excuser. → *C'est inexcusable !*

a. C'est une chose que l'on ne peut pas supporter. → ....

b. C'est une chose que l'on ne peut pas accepter. → ....

c. C'est une chose que l'on ne peut pas admettre. → ....

d. C'est une chose que l'on ne peut pas tolérer. → ....

e. C'est une chose que l'on ne peut pas comprendre. → ....

f. C'est une chose que l'on ne peut pas pardonner. → ....

g. C'est une chose que l'on ne peut pas décrire. → ....

h. C'est une chose que l'on ne peut pas manger. → ....

372 Transformez les phrases suivantes à l'aide du verbe *pouvoir* au conditionnel passé.

Exemple : Tu n'as pas éteint la lumière !

→ *Tu aurais pu éteindre la lumière !*

a. Vous n'avez pas fait la vaisselle !

→ ....

b. Tu n'as pas ramassé ce qui était tombé !

→ ....

c. Il n'a pas étendu le linge !

→ ....

d. Elle n'a pas remplacé ce qu'elle avait cassé !

→ ....

e. Ils ne sont pas allés faire les courses !

→ ....

f. Vous n'avez pas téléphoné !

→ ....

g. Elles ne sont pas arrivées à l'heure !

→ ....

h. Tu n'as pas fait attention !

→ ....

373 C'est trop tard ! Reliez les hypothèses passées à leurs conséquences.

a. S'il nous avait prévenus,
b. Si tu avais pris un plan,
c. Si vous aviez été plus sérieux,
d. S'ils avaient réservé,
e. Si j'avais su cuisiner,
f. Si on avait fini nos devoirs,
g. Si elle avait mangé normalement,
h. Si nous étions partis à temps,

1. vous auriez trouvé du travail.
2. nous aurions eu notre train.
3. nous serions restés chez nous.
4. on serait allés au parc.
5. ils auraient eu des places.
6. elle n'aurait pas eu faim à trois heures.
7. j'aurais ouvert un restaurant.
8. tu ne te serais pas perdue.

374 Complétez les phrases à l'aide des verbes entre parenthèses au temps nécessaire.

Exemple : Si tu **avais fait** (faire) les courses, nous **aurions mangé** (manger) correctement !

a. Si vous .... (apprendre) vos leçons, vous ....
(avoir) une bonne note !

b. Si Michel .... (ne pas partir), nous .... (pouvoir)
déjeuner ensemble !

c. Si tu .... (être) moins timide, tu............................... (se faire)
des amis !

d. Si j'............................... (écouter) la radio, j'............................... (savoir) qu'il y
avait des embouteillages !

e. Si mes parents m'............................... (laisser) sortir, je ....
(aller) en boîte !

f. Si nous .... (acheter) des vélos, nous .... (faire)
une promenade !

g. Si elles .... (vendre) leurs livres, elles en ....
(acheter) d'autres !

h. Si vous m'............................... (écrire), je vous .... (répondre) !

375 Transformez les phrases suivantes comme dans l'exemple.

Exemple : Tu n'as pas dormi. Voilà pourquoi tu as été fatigué.
→ ***Si tu avais dormi, tu n'aurais pas été fatigué !***

a. Vous n'avez pas révisé. Donc, vous avez eu une mauvaise note.
→ ....

b. Elle n'a pas été sérieuse. C'est la raison pour laquelle il ne lui a pas donné ce travail.
→ ....

c. Tu ne m'as pas parlé. C'est pourquoi je ne t'ai pas donné de conseils.
→ ....

d. On n'a pas vérifié les robinets, alors, il y a eu une inondation.
→ ....

e. Je n'ai pas reçu ton message. Voilà pourquoi je ne suis pas venue tout de suite.
→ ....

f. Ils n'ont pas prévenu de leur arrivée. C'est la raison pour laquelle tu n'es pas parti.

→ ....

g. Nous n'avons pas fait de réclamation. C'est pourquoi le magasin ne nous a pas remboursés.

→ ....

h. Il n'est pas resté. Donc, je ne lui ai pas dit la vérité.

→ ....

376 Complétez les phrases à l'aide de : *l'est, l'ai, les, lait, l'ait, laid* ou *l'aies*.

Exemple : Nous *les* haïssons !

a. Je .... disputé !

b. Tu es .... quand tu es en colère !

c. Benoît déteste le .... !

d. Il .... a surpris ensemble !

e. Elle est stupide ? – Oui elle .... !

f. – Merci pour le livre. – Tu sais, j'ai dû mentir pour que tu ....

g. Je ne supporte pas .... imbéciles !

h. – Je peux donner ce document à Max ? – Non, je ne veux pas qu'il ....

C. ON NE SE PARLE PLUS !

377 Le discours indirect. Reliez les phrases au verbe introducteur adéquat.

a. Il fait beau !
b. C'est certain, il fera beau !
c. Il fera peut-être beau !
d. Il fait beau, prends un chapeau !
e. Il fait beau, il faut prendre un chapeau !
f. Est-ce qu'il fait beau ?
g. Il fait beau. Oui, il fait beau !
h. Il fait beau, il n'y a pas un nuage.

1. Il suppose qu'il fera beau.
2. Il précise qu'il n'y a pas un nuage.
3. Il annonce qu'il fait beau.
4. Il demande s'il fait beau.
5. Il ordonne de prendre un chapeau.
6. Il répète qu'il fait beau.
7. Il ajoute qu'il faut prendre un chapeau.
8. Il affirme qu'il fera beau.

378 Le discours indirect. Complétez les phrases à l'aide de *si* ou de *ce que*.

Exemples : Qu'est-ce que tu fais ? Il demande *ce que* tu fais.

Tu veux du pain ? Il demande *si* tu veux du pain.

a. Tu veux lui parler ? Il demande .... tu veux lui parler.

b. Qu'est-ce qu'elle raconte ? Il demande .... elle raconte.

c. Il dit quoi ? Il demande .... il dit.

d. Est-ce que tu les détestes ? Il demande .... tu les détestes.

e. Vous avez fait ça ? Il demande .... vous avez fait ça.

f. Êtes-vous sourd ? Il demande .... vous êtes sourd.

g. Que voulez-vous ? Il demande .... vous voulez.

h. Qu'ont-ils dit ? Il demande .... ils ont dit.

379 Discours indirect. Réécrivez ces questions à la forme indirecte.

  Exemple : Avec qui parlez-vous ? Je demande *avec qui vous parlez.*

a. Pourquoi m'insultez-vous ? Je demande ....

b. Qu'est-ce que je vous ai fait ? Je demande ....

c. Comment est-ce qu'il va ? Je demande ....

d. Qui êtes-vous ? Je demande ....

e. Quand est-ce que tu arrêteras de faire l'idiot ? Je demande ....

  ....

f. Où va-t-elle ? Je demande ....

g. Combien de jours vont-ils faire la tête ? Je demande ....

  ....

h. Quelle heure est-il ? Je demande ....

380 Mettez ces ordres à la forme indirecte en vous aidant des verbes proposés entre parenthèses.

  Exemple : Viens ici ! (ordonner) → *Je t'ordonne de venir !*

a. Taisez-vous ! (demander) → ....

b. Ne m'adressez plus jamais la parole ! (défendre) → ....

  ....

c. Ne soyez pas si insolent ! (demander) → ....

  ....

d. Pardonnez-moi ! (demander) → ....

e. Écoute-moi ! (ordonner) → ....

f. Ne fais pas l'imbécile ! (défendre) → ....

g. Ne riez pas ! (défendre) → ....

h. Sortez d'ici ! (ordonner) → ....

381 Philippe parle à Hélène au téléphone. Il est très fâché contre Paul mais refuse de lui parler. Vous êtes Hélène et vous rapportez les paroles de Philippe à Paul.

Philippe dit : « Paul est paresseux et stupide. Il m'a provoqué l'autre jour mais j'ai décidé de l'ignorer alors, il m'a bousculé et je me suis mis en colère. On s'est disputés pendant une heure. Pourquoi il a fait ça ? Tu le connais bien, toi ? Je ne lui parlerai plus ! »

Hélène dit : « Philippe dit que tu es paresseux et stupide. Il annonce que ....

.... mais qu' ....

.... Il ajoute que Il

précise qu' .... Il raconte que ....

.... Il demande pourquoi ....

.... Il me demande si ....

.... Il jure qu' .... »

382 Rapportez librement la réponse de Paul.

Paul dit : « Philippe ment. Je ne l'ai jamais provoqué. Il imagine tout ça. Je ne me sens pas responsable. Il est complètement fou ! Je ne souhaite plus lui parler non plus ! Est-ce qu'il attend des excuses ? C'est hors de question ! Ce type ne m'intéresse pas ! »

Paul dit que Philippe ment. ....

....

....

....

....

D. LES EXCUSES ET LA RÉCONCILIATION

383 Écoutez et notez le numéro de la phrase à laquelle correspond chaque raison proposée.

a. le mal de tête (   )

b. la chaleur (   )

c. l'énervement (   )

d. l'incompréhension (   )

e. le bruit (   )

f. la folie (   )

g. l'impatience (   )

h. l'inattention (   )

384 Complétez ces différentes formes d'excuses à l'aide des mots proposés : *désolé, soyez, pardonner, moi, veuillez, excusez, vouloir, suis, en*.

Exemple : Je vous prie de bien *vouloir* m'excuser.

a. .... m'excuser.

b. Je vous demande de me ....

c. ....-moi.

d. .... indulgent.

e. Pardonnez-..................................

f. Je .... navré.

g. Ne m'.................................. veuillez pas.

h. Je suis ....

385 Notez de 1 à 8 pour remettre cette lettre d'excuse dans l'ordre.

Cher Édouard,

a. J'étais fatigué (   )

b. de bien vouloir m'excuser (   )

c. Je ne veux pas (   )

d. J'espère que tu me pardonneras... Patricia (   )

e. que nous restions fâchés. (   )

f. Je te demande (   )

g. et j'ai parlé sans réfléchir. (   )

h. pour ma conduite d'hier. (   )

386 Vous vous êtes disputé avec un(e) ami(e) parce qu'il/elle vous a caché la vérité sur certaines choses. Pendant la dispute, vous avez dit des choses méchantes. Vous écrivez pour vous excuser. Vous donnez des raisons, vous modifiez vos propos et vous demandez pardon.

....
....
....
....
....
....
....
....
....
....

387 Notez oui (O) devant les verbes qui indiquent que la dispute est terminée ou non (N) devant ceux qui n'expriment pas la réconciliation.

Exemple : se réconcilier **(O)**

a. se rabibocher (   )

b. renouer (   )

c. se venger (   )

d. se haïr (   )

e. pardonner (   )

f. se toiser (   )

g. tenir rigueur (   )

h. se racommoder (   )

388 Écoutez et dites si la personne *accepte* ou *refuse* les excuses.

Exemple : **refuse**

a. ....

b. ....

c. ....

d. ....

e. ....

f. ....

g. ....

h. ....

389 Reliez ces expressions avec *y* ou *en* à leur signification.

a. J'en ai marre !

b. Je n'y peux rien !

c. Je m'en vais !

d. Je t'en veux !

e. Je m'en fous !

f. Ça y est !

g. Il ne faut pas t'en faire !

h. Je n'y suis pour rien !

1. Je pars !

2. Ce n'est pas de ma faute !

3. C'est assez !

4. Je suis prêt(e) !

5. Je suis fâché(e) contre toi !

6. Ne t'inquiète pas !

7. Ça m'est égal !

8. Je ne peux rien faire !

390 Complétez ces expressions à l'aide d'une partie du corps ou d'un organe.

   Exemple :   Il boude. Il fait la **tête** !

a. Il a mauvais caractère. C'est une .... de lard.

b. Je lui en veux. J'ai une .... contre lui.

c. Il dit des horreurs sur tout le monde. Il a une .... de vipère.

d. Il va regretter ce qu'il a fait. Il va s'en mordre les ....

e. Il est de mauvaise humeur. Il s'est levé du .... gauche.

f. Il est énervé. Il a les .... en pelote.

g. Il m'énerve. Il me casse les ....

h. Il en a marre. Il en a plein le ....

A. ÇA NE VA PAS FORT !

391 Cochez pour indiquer si le verbe proposé concerne le médecin ou le patient. (Attention, parfois deux réponses possibles).

Exemple :   soigner   **1.** ☒ *médecin*   **2.** ☐ patient

a. prendre le pouls   **1.** ☐ médecin   **2.** ☐ patient

b. avaler des comprimés   **1.** ☐ médecin   **2.** ☐ patient

c. ausculter   **1.** ☐ médecin   **2.** ☐ patient

d. prescrire   **1.** ☐ médecin   **2.** ☐ patient

e. guérir   **1.** ☐ médecin   **2.** ☐ patient

f. se soigner   **1.** ☐ médecin   **2.** ☐ patient

g. examiner   **1.** ☐ médecin   **2.** ☐ patient

h. consulter   **1.** ☐ médecin   **2.** ☐ patient

392 Complétez les phrases suivantes à l'aide des mots proposés : *radiographie, patients, consultation, médicaments, analyses, symptômes, ordonnance, pharmacie, diagnostic.*

Exemple :   Le médecin examine les **patients**.

Pendant une ...., il pose des questions concernant les .... afin d'établir un .... Il donne une .... sur laquelle il a prescrit les .... que le patient devra acheter à la .... Parfois, il lui faudra faire des .... ou une ....

393 Écrivez le mot qui peut remplacer *ce, ça, ceci, cela* **ou** *c'*.

Exemple :   J'ai le bras cassé. Ça fait mal ! Ça = **un bras cassé**.

a. C'est grave, docteur ? C' = ...

b. Ça soigne la grippe. Ça = ...

c. Prenez ceci. Vous vous sentirez mieux ! Ceci = ...

d. Avalez ça ! Ça = ...

e. J'ai une grippe. Cela m'empêche de travailler. Cela = ...

f. Je vous fais une piqûre. Ce ne sera pas long. Ce = ...

g. Je vous donne de l'aspirine et avec ça, un sirop. Ça = ...

h. Je suis toujours fatigué, cela m'inquiète un peu. Cela = ...

394 Rayez ce qui ne convient pas.

Exemple : C'/~~Ce~~/~~Ça~~ est un médicament très efficace !

a. C'/Ce/Ça sera vite guéri !

b. Manger autant ! C'/Ce/Ça n'est pas normal !

c. C'/Ce/Ça était affreux d'être à l'hôpital !

d. C'/Ce/Ça semble sérieux.

e. Un rhume ! C'/Ce/Ça se soigne rapidement !

f. Vous avez appelé le docteur pour c'/ce/ça !

g. Vous n'êtes jamais allé chez un docteur ! C'/Ce/Ça est incroyable !

h. C'/Ce/Ça sont des analyses complémentaires.

395 Complétez les phrases à l'aide de *ce qui, ce que/ce qu'* ou *ce dont*.

Exemple : Je travaille trop, c'est **ce qui** m'empêche de dormir.

a. .... j'ai besoin, c'est de béquilles.

b. Vous ne m'avez pas dit .... vous faisiez dans la vie.

c. Avoir la santé, c'est .... il y a de plus précieux.

d. .... vous donne mal à la tête, c'est le bruit.

e. Le moment de l'accident, c'est tout .... il se souvient.

f. .... me perturbe, c'est qu'ils ne mangent plus.

g. On a oublié .... le médecin a dit.

h. .... vous arrive est tout naturel !

396 Complétez les phrases suivantes avec *ce, ceux* ou *se*.

Exemple : **Ce** médecin est homéopathe.

a. Ils .... soignent avec des plantes.

b. J'ai acheté .... que le docteur m'avait prescrit.

c. .... sont des spécialistes de la médecine du sport.

d. Elles .... sont retrouvées à l'hôpital !

e. Je n'aime pas .... qui donnent trop de médicaments.

f. C'est .... qui m'a rendu malade !

g. Je n'aime pas .... sirop !

h. Ces médecins ne soignent pas .... qui n'ont pas d'assurance !

397 Reliez l'organe à la spécialié médicale correspondante.

a. le cœur   1. l'oto-rhino-laryngologiste

b. le foie   2. le neurologue

c. la peau   3. le rhumatologue

d. les poumons   4. l'hépatologue

e. le cerveau   5. le pneumologue

f. les yeux   6. le cardiologue

g. les articulations et les muscles   7. le dermatologue

h. les oreilles, le nez, la gorge   8. l'ophtalmologiste

398 Complétez les phrases suivantes à l'aide de *foie*, *fois* ou *foi*.

> *Exemple :* Cette ***fois***, vous devez vous soigner sérieusement !

a. Prenez un comprimé trois .... par jour.

b. Elle a une crise de .... parce qu'elle a mangé trop de chocolat.

c. Il faut garder la .... en votre guérison !

d. L'hépatologue est le spécialiste du ....

e. Pour une ...., il a pris ses médicaments.

f. J'ai .... en ce médecin.

g. Ne mangez pas trop de .... gras !

h. Chaque .... que vous sortez, prenez vos cachets.

399 Reliez les actions proposées à la personne qui les réalise.

a. Il opère.   1. le psychiatre

b. Il soigne les enfants.   2. le gynécologue

c. Il assiste le médecin.   3. l'anesthésiste

d. Il emmène les gens à l'hôpital.   4. le pédiatre

e. Il soigne spécifiquement les femmes.   5. l'ambulancier

f. Il est consulté avant le spécialiste.   6. le chirurgien

g. Il endort les patients avant une opération.   7. l'infirmier

h. Il soigne les maladies mentales.   8. le généraliste

3. CHEZ LE MÉDECIN

400 Écoutez le dialogue et cochez la ou les bonnes réponses.

> *Exemple :* Le médecin est : un   **1.** ☐ spécialiste   **2.** ☒ *généraliste*

a. Les symptômes. La patiente a : **1.** ☐ de la toux **2.** ☐ un rhume **3.** ☐ une allergie

b. Elle se plaint :   **1.** ☐ d'un mal de gorge   **2.** ☐ d'un mal de tête

c. La température : **1.** ☐ 37,5   **2.** ☐ 38,5   **3.** ☐ 39,5   **4.** ☐ 40

d. Le diagnostic. Il s'agit : **1.** ☐ d'une gastro-entérite **2.** ☐ d'une grippe **3.** ☐ d'une angine

e. La prescription :
  1. ☐ un agent antiviral **2.** ☐ un antidépresseur   **3.** ☐ de l'aspirine   **4.** ☐ de la cortisone

f. Le conditionnement :   **1.** ☐ des gélules   **2.** ☐ des comprimés   **3.** ☐ un sirop

g. La posologie : **1.** ☐ 2 après les repas **2.** ☐ 2 avant les repas **3.** ☐ 2 pendant les repas

h. Durée du traitement :   **1.** ☐ 6 jours   **2.** ☐ 15 jours   **3.** ☐ 7 jours

401 Reliez les symptômes présentés par le patient au diagnostic annoncé par le médecin.

a. Je ne peux plus parler, j'ai très mal à la gorge.

b. J'éternue, j'ai le nez qui coule, je me mouche.

c. Je suis tombé, ma jambe est cassée.

d. J'ai la diarrhée, je vomis.

e. J'ai du mal à respirer, je tousse.

f. J'ai des démangeaisons et des plaques rouges. ⟶

g. J'ai mal à l'oreille.

h. Mon œil coule et pique.

1. Vous avez un rhume.

2. Vous avez une gastro-entérite.

3. Vous avez une conjonctivite.

4. Vous avez une otite.

5. Vous avez une angine.

6. Vous avez de l'urticaire.

7. Vous avez une fracture.

8. Vous avez de l'asthme.

402 Complétez les phrases à l'aide de *sang*, *sans*, *s'en*, *cent* ou *cents*.

Exemple : Votre prochain patient a **cent** deux ans !

a. Il .... va chez le médecin.

b. .... mes médicaments, je vais mal.

c. Entrez .... frapper.

d. Votre rythme cardiaque est de ....

e. Le blessé a perdu beaucoup de ....

f. Il ne faut pas .... faire. Tout ira bien !

g. Il n'y a que deux .... lits dans cet hôpital.

h. Vous ferez une prise de ....

403 Observez l'ordonnance puis notez devant chaque type de médicament le numéro auquel il correspond sur l'ordonnance.

Dr Gémal
10, rue des maux
00380 Douleur

le 10/10/2003

Mme Amal

1. *Pludestress*   *1 comprimé 3x/j pdt 3 mois*

2. *Demangestop*   *pommade 1 application matin et soir pdt 10 j*

3. *Belœil*   *2 gouttes dans chaque œil le matin pdt 7 j*

4. *Energis*   *1 ampoule au petit-déjeuner pdt 1 mois*

5. *Fraichor*   *1 suppositoire le soir en cas de fièvre*

6. *Toufix*   *1 cuillère à soupe 4x/j pdt 10 j*

7. *Platrine*   *2 sachets à délayer dans un verre d'eau avant chaque repas*

8. *Piqtout*   *1 injection pdt 3 semaines*

9. *Sebon*   *6 pastilles à sucer pdt la journée*

Pour adoucir la gorge (**9**)

a. Une crème à appliquer(   )

b. Une piqûre à faire (   )

c. Un collyre (   )

d. Un sirop à boire (   )

e. Une pillule à avaler (   )

f. Une poudre à mélanger (   )

g. Un liquide contenu dans du verre (   )

h. À mettre dans les fesses (   )

104 **Révision générale des pronoms compléments. Rayez le pronom qui ne convient pas.**

   Exemple : Vous ne ~~leur~~/*les* avez pas vus.

a. Il leur/les donnera les résultats d'analyse.

b. Je ne m'y/en suis pas soucié.

c. On vous/les a fait une radio ?

d. Elles y/en ont pensé.

e. Tu l'/les a faite ?

f. Je ne veux pas y/en prendre trois !

g. Ne lui/le faites pas mal !

h. Elle refuse de lui/la soigner.

105 **Mettez les phrases dans l'ordre.**

   Exemple : Tu/consulter/le/pas/?/ne/veux

          → ***Tu ne veux pas le consulter ?***

a. pansement/fait/On/un/lui/a/.

→ ....

b. temps/./resterai/J'/le/nécessaire/y

→ ....

c. ne/./pas/connaissons/la/Nous

→ ....

d. un/donner/va/calmant/leur/./Il

→ ....

e. avaler/./plus/ne/Il/en/faut

→ ....

f. les/On/écoutés/a/parler/.

→ ....

g. arrivée/ont/Ils/./votre/pas/nous/ne/de/avertis

→ ....

h. depuis/?/Il/de/occupe/longtemps/s'/toi

→ ....

406 Personne ou chose. Reliez les phrases pour retrouver le pronom qui convient.

a. Elle parle de son infirmière.
b. Elle parle de son traitement.
c. L'hôpital emploie des chirurgiens.
d. L'hôpital utilise des machines.
e. Je vais à la clinique.
f. Je vais chez Pierre.
g. Ils s'intéressent à la médecine.
h. Ils s'intéressent à ces médecins.

1. Je vais chez lui.
2. Elle en parle.
3. L'hôpital en utilise.
4. Elle parle d'elle.
5. Ils s'y intéressent.
6. J'y vais.
7. Ils s'intéressent à eux.
8. L'hôpital en emploie.

407 Les pronoms et les personnes. Remplacez les mots soulignés par un pronom.

Exemple : Vous avez reçu madame Amal ? → ***Vous l'avez reçue ?***

a. Je suis allée chez le docteur avec Léa. → ....
b. J'ai vu le médecin. → ....
c. Il a expliqué ses symptômes au cardiologue. → ....
d. Le docteur s'occupe de ses patients. → ....
e. La secrétaire va accueillir les malades. → ....
f. Il faut vous rendre chez monsieur et madame Million. → ....
....
g. Vous avez beaucoup de monde cet après-midi. → ....
....
h. On a parlé aux chirurgiens. → ....

408 Les pronoms et les choses. Remplacez les mots soulignés par un pronom.

Exemple : Vous avez pris votre dossier ? → ***Vous l'avez pris ?***

a. Tu as un rendez-vous chez le docteur ce matin. → ....
....
b. Ils pensent à leurs médicaments. → ....
c. On va à l'hôpital. → ....
d. Elle a parlé de sa maladie. → ....
e. Ils sortent du laboratoire. → ....
f. J'ai beaucoup de choses à prendre. → ....
g. Elle s'habitue à son traitement. → ....
h. Nous suivrons les instructions. → ....

C. QU'A DIT LE MÉDECIN ?

109 Le discours indirect au passé. Reliez les phrases dites aux phrases rapportées.

a. J'ai peur.   1. J'ai dit que j'allais avoir peur.

b. J'ai eu peur.   2. J'ai dit qu'il ne fallait pas avoir peur.

c. J'aurai peur.   3. J'ai dit que j'avais peur.

d. J'avais peur.   4. J'ai dit que j'avais peur.

e. Je vais avoir peur.   5. Je t'ai dit de ne pas avoir peur.

f. N'aies pas peur.   6. J'ai dit que j'avais eu peur.

g. Je ne veux pas avoir peur.   7. J'ai dit que je ne voulais pas avoir peur.

h. Il ne faut pas avoir peur.   8. J'ai dit que j'aurais peur.

110 Retrouvez le style direct.

> *Exemple :*   Le docteur lui a dit de rester chez elle. → ***Restez chez vous !***

a. Elle a demandé s'il avait fait les analyses. → ....

b. Il a annoncé qu'il était malade. → ....

c. Nous avions dit que nous serions rentrés vers six heures du soir. → ....

....

d. Tu disais toujours que ça ne ferait pas mal. → ....

e. Elles ont précisé qu'elles voulaient être chirurgien. → ....

....

f. On lui a dit de ne pas se lever. → ....

g. Je leur ai demandé ce qu'ils avaient mangé. → ....

h. Vous lui avez dit que le docteur voulait qu'elle soit debout pour Noël. → ....

....

111 Après une visite chez le médecin, Fanny rapporte à son mari l'entretien. Mettez les phrases à la forme indirecte.

> *Exemple :* « Asseyez-vous »
>
>   → ***Le médecin m'a demandé de m'asseoir.***

a. « Je ne me sens pas bien, je fais des malaises et je vomis. »

→ ....

b. « Est-ce que vous prenez un contraceptif ? »

→ ....

c. « Vous allez avoir un bébé ! »

→ ....

d. « Vous accoucherez en décembre ! »

→ ....

e. « Vous devez faire quelques examens. »

→ ....

f. « Je vais vous faire une ordonnance pour le laboratoire. »

→ ....

g. « Ne vous inquiétez pas ! »

→ ....

h. « Tout se passera bien. »

→ ....

412 Écoutez et complétez les phrases au style indirect.

Exemple : Il a dit *qu'il ne se sentait pas très bien.*

a. Tu as dit ....

b. Ils ont dit ....

c. On a dit ....

d. Tu lui as dit ....

e. Le médecin m'a dit ....

f. Il a dit ....

g. Il a annoncé ....

h. Elle a dit ....

D. LE SYSTÈME DE SANTÉ

413 Reliez les mots proposés à leur définition.

a. C.P.A.M.

b. la Sécurité sociale

c. une mutuelle

d. la carte vitale

e. les indemnités journalières

f. la C.M.U.

g. un générique

h. le serment d'Hippocrate.

1. Assurance maladie pour les gens sans emploi ou à faibles revenus.

2. Assurance maladie obligatoire.

3. Document officiel donnant droit à l'assurance maladie.

4. Nom de l'organisme qui s'occupe de l'assurance maladie.

5. Médicament libre de droit et moins cher.

6. Argent versé pendant un arrêt de travail.

7. Code déontologique des médecins.

8. Assurance maladie complémentaire.

414 Notez les mots qui sont utilisés en langage familier pour parler de la santé.

Exemple : la Sécurité sociale → la *sécu*

a. un hôpital → un ....

b. un médecin → un ....

c. un médicament → un ....

d. la grippe → la ....

e. la diarrhée → la ....

f. être enceinte → être en ....

g. être en pleine forme → péter le ....

h. avoir de l'énergie → avoir la ....

415 Complétez les phrases à l'aide de *maux, mots, mo, mau, m'o* **ou** *m'au*.

> *Exemple :*   Ils *m'o*bligent à avaler un sirop horriblement *mau*vais.

a. Il n'y a pas de .... pour parler de la douleur.

b. J'ai des .... de tête depuis une semaine.

c. Elle s'est cassé la jambe dans un accident de ....bylette.

d. Vous ....torisez à sortir aujourd'hui, docteur ?

e. Ils se sont ....qués des infirmières.

f. Elles ont su trouver les .... pour la réconforter.

g. Je ....ppose à cette opération !

h. Vos .... de ventre sont dûs à ce que vous avez mangé.

416 La concordance des temps. Mettez les verbes entre parenthèses au temps qui convient.

> *Exemple :*   Je savais que ce médecin *était* (être) compétent.

a. Vous avez l'impression qu'elle .... (guérir) bientôt.

b. Tu penses que c'................................... (être) douloureux ?

c. Je voyais bien que tu .... (être) faible.

d. Nous avons toujours su que ta santé .... (s'améliorer).

e. Il est convaincu qu'il .... (rentrer) chez lui pour Noël.

f. Elles ont appris que leur service .... (fermer) prochainement.

g. On a le sentiment qu'il ne .... (vouloir) plus se battre.

h. Elle croira que vous lui .... (mentir) la dernière fois.

417 Transformez les phrases suivantes. Choisissez entre l'indicatif ou le subjonctif.

> *Exemple :*   Vous serez bientôt debout. Je le sais.
>   → Je sais que *vous serez bientôt debout.*

a. Ce traitement va durer longtemps ? Qu'en pensez-vous ?

→ Pensez-vous que ....

b. Elle est malade. Je le regrette.

→ Je regrette qu'...

c. Le médecin sera là. C'est ce que tu espères.

→ Tu espères que ....

d. Ce médicament est efficace ? J'en doute.

→ Je doute que ....

e. Est-ce qu'elle retrouvera la mémoire ? C'est improbable.

→ Il est improbable qu'...

f. Tu sortiras bientôt. Nous en sommes sûrs.

→ Nous sommes sûrs que ....

g. Nous ne retournerons pas chez ce pédiatre. C'est certain !

→ Il est certain que ....

h. Il a une chance de guérison. C'est ce que vous pensez.

→ Vous pensez qu'..

418 Rayez ce qui est incorrect.

Exemple : Je regrette ~~que je ne sois pas en forme.~~
de ne pas être en forme.

a. Je doute
qu'il fasse ses analyses.
de faire ses analyses.

b. Elle n'est pas sûre
que vous soyez franc.
d'être franc.

c. Nous ne croyons pas
que nous guérissions.
qu'elle guérisse.

d. Le médecin exige
que tu fasses des piqûres.
qu'il fasse des piqûres.

e. Nous refusons
que nous nous fassions soigner.
de nous faire soigner.

f. Les médecins ont conseillé
que tu sortes un peu.
qu'ils sortent un peu.

g. Vous acceptez
que vous veniez.
de venir.

h. Tu as peur
que tu aies mal.
d'avoir mal.

419 Écoutez et cochez pour indiquer ce que ces formules de politesse signifient.

Exemple : **1.** ☒ Vous êtes malade **2.** ☐ Vous allez bien. **3.** ☐ Vous êtes en voie de guérison.

a. **1.** ☐ Vous êtes malade. **2.** ☐ Vous allez bien. **3.** ☐ Vous êtes en voie de guérison.
b. **1.** ☐ Vous êtes malade. **2.** ☐ Vous allez bien. **3.** ☐ Vous êtes en voie de guérison.
c. **1.** ☐ Vous êtes malade. **2.** ☐ Vous allez bien. **3.** ☐ Vous êtes en voie de guérison.
d. **1.** ☐ Vous êtes malade. **2.** ☐ Vous allez bien. **3.** ☐ Vous êtes en voie de guérison.
e. **1.** ☐ Vous êtes malade. **2.** ☐ Vous allez bien. **3.** ☐ Vous êtes en voie de guérison.
f. **1.** ☐ Vous êtes malade. **2.** ☐ Vous allez bien. **3.** ☐ Vous êtes en voie de guérison.
g. **1.** ☐ Vous êtes malade. **2.** ☐ Vous allez bien. **3.** ☐ Vous êtes en voie de guérison.
h. **1.** ☐ Vous êtes malade. **2.** ☐ Vous allez bien. **3.** ☐ Vous êtes en voie de guérison.

420 Un de vos collègues est malade. Vous lui écrivez pour lui souhaiter un bon rétablissement.

....
....
....
....
....
....
....
....

XV. COMMUNIQUONS !

A. PAR TÉLÉPHONE

421 Reliez les objets à leur définition.

a. Le téléphone chez soi.   1. le standard

b. Il permet d'entendre, de parler et d'avoir les mains libres.   2. les touches

c. Le téléphone qu'on peut emmener partout.   3. le répondeur

d. On peut téléphoner dans la rue, les mains dans les poches.   4. le haut-parleur

e. On appuie dessus pour composer les numéros.   5. le kit piéton

f. C'est la partie du téléphone qui permet d'entendre et de parler.   6. le fixe

g. Il prend les messages.   7. le portable

h. Il concentre les appels dans une entreprise.   8. le combiné

422 Complétez les phrases à l'aide des mots proposés : *décroché, sonne, forfait, fil, déran-gement, correspondant, raccroché, tombé, boîtes*.

> *Exemple :* Il devient difficile de parler à quelqu'un. Les entreprises utilisent de plus en plus de **boîtes** vocales.

a. J'ai reçu un coup de .... de mon patron, ce matin.

b. J'appelle mais ça .... toujours occupé.

c. La ligne est en ....

d. Je suis .... sur le répondeur.

e. Votre .... est en ligne.

f. La secrétaire m'a .... au nez.

g. Quand j''ai appris la nouvelle, j'ai .... immédiatement mon téléphone.

h. J'ai décidé de changer de .... téléphone. Il était beaucoup trop cher.

423 Écoutez et cochez pour indiquer qui parle.

> *Exemple :* **1.** ☒ *la secrétaire*   **2.** ☐ Marine Capelle

a. **1.** ☐ la secrétaire   **2.** ☐ Marine Capelle

b. **1.** ☐ la secrétaire   **2.** ☐ Marine Capelle

c. **1.** ☐ la secrétaire   **2.** ☐ Marine Capelle

d. **1.** ☐ la secrétaire   **2.** ☐ Marine Capelle

e. **1.** ☐ la secrétaire   **2.** ☐ Marine Capelle

f. **1.** ☐ la secrétaire   **2.** ☐ Marine Capelle

g. **1.** ☐ la secrétaire   **2.** ☐ Marine Capelle

h. **1.** ☐ la secrétaire   **2.** ☐ Marine Capelle

424 Notez de 1 à 8 pour remettre ce dialogue téléphonique dans l'ordre.

a. Qui le demande ? (   )

b. Entendu. Merci. (   )

c. Ne quittez pas. Je vous le passe. (   )

d. Oui, je patiente, merci. (   )

e. Bonjour, je voudrais parler à monsieur Jourdain, s'il vous plaît. (   )

f. Le poste est occupé vous voulez patienter ? (   )

g. Monsieur Colbert de la Société Filtex. (   )

h. Il est toujours en ligne. Pouvez-vous rappeler plus tard ? (   )

425 Vous êtes la secrétaire de la Société Téma. Votre patron, monsieur Philibert, est en train de recevoir un client et vous ne pouvez pas le déranger. Complétez le dialogue.

> *Exemple :   – Société Téma, bonjour !*
>
> – Bonjour, je souhaiterais m'entretenir avec monsieur Philibert, s'il vous plaît.

a. – ....

– Oh non, il est toujours en rendez-vous !

b. – ....

– Non, je ne peux pas, je dois prendre un avion dans une heure.

c. – ....

– Non, c'est un peu compliqué à expliquer. C'est aussi très urgent.

d. – ....

– Madame Édouard.

e. – ....

– D'accord, je reste en ligne. Merci.

f. – ....

– D'accord, j'attends son appel dans cinq minutes.

g. – ....

– Oui, c'est le 01 42 56 89 99.

h. – ....

– Merci beaucoup. Au revoir.

426 Vous appelez la boîte vocale d'une société qui vend des forfaits pour les téléphones portables. Écoutez et notez le numéro correspondant à chaque proposition.

a. Parler à un employé. (   )

b. Obtenir le prix des forfaits. (   )

c. Avoir une aide technique. (   )

d. Prendre un forfait. (   )

e. Obtenir l'adresse de l'entreprise. (   )

f. Mettre fin à l'abonnement. (   )

g. Changer de numéro. (   )

h. Changer de forfait. (   )

427 Écoutez le message d'annonce d'un répondeur téléphonique et cochez pour indiquer si les affirmations proposées sont vraies ou fausses.

> *Exemple :* Message n° 1
>
> L'homme donne son numéro de téléphone pour informer celui qui appelle qu'il a composé le bon numéro.
>
> **1.** ☒ *vrai*   **2.** ☐ faux

a. Il signale qu'il est absent.

   1. ☐ vrai   **2.** ☐ faux

b. Il ne promet pas de rappeler.

   1. ☐ vrai   **2.** ☐ faux

c. **Message n° 2**   L'homme fait croire qu'il répond.

   1. ☐ vrai   **2.** ☐ faux

d. Il dit qu'il pourra être contacté prochainement.

   1. ☐ vrai   **2.** ☐ faux

e. C'est un message d'annonce assez formel.

   1. ☐ vrai   **2.** ☐ faux

f. **Message n° 3**   C'est un message publicitaire.

   1. ☐ vrai   **2.** ☐ faux

g. Le numéro n'est pas celui d'un particulier.

   1. ☐ vrai   **2.** ☐ faux

h. La personne qui appelle peut laisser un message.

   1. ☐ vrai   **2.** ☐ faux

428 Écoutez les messages et rayez les phrases qui ne correspondent pas.

> *Exemple :* L'appel provient d'une banque et concerne un découvert.

a. Madame Antoine appelle parce qu'elle veut un rendez-vous pour acheter un appareil.

b. La personne qui appelle est un collègue de Franck.

c. Véronique Victor a trouvé le numéro de téléphone dans un annuaire.

d. Stéphane Faber est le destinataire du message.

e. Monsieur Silamon n'est pas le destinataire du message.

f. Monsieur Giroux appelle pour un problème de voisinage.

g. La personne qui appelle est persuadée qu'Armand se trouve près du téléphone.

h. Cet appel est une mauvaise nouvelle.

B. DIALOGUES MULTIPLES

429 Les doubles pronoms. Reliez ces questions à leur réponse.

a. Vous avez envoyé le dossier à monsieur Rovera ?

b. Vous allez envoyer cette lettre à monsieur Dupont ?

c. Pouvez-vous envoyer la secrétaire chez madame Colinet ? —————————

d. Envoyez ce colis à mon avocat !

e. Vous n'allez pas envoyer le coursier dans mon bureau ?

f. Vous enverrez des agendas à ce client !

g. Vous venez d'envoyer un fax à sa secrétaire ?

h. N'envoyez aucun document aux actionnaires !

1. Oui, je peux l'envoyer chez elle.

2. D'accord, je ne leur en enverrai aucun.

3. Oui, je le lui ai envoyé.

4. Non, je ne vais pas l'y envoyer.

5. Oui, je viens de lui en envoyer un.

6. Oui, je vais la lui envoyer.

7. Oui, je lui en enverrai.

8. Oui, je le lui envoie.

430 Les doubles pronoms. Imaginez ce que les pronoms compléments remplacent.

Exemple : Ils vont la lui dire.

→ *Ils vont dire la vérité à leur patron.*

a. On ne leur en a pas donné.

→ ....

b. Je la leur annoncerai.

→ ....

c. Elle veut nous la prendre.

→ ....

d. Tu l'y emmènes.

→ ....

e. Nous allons les lui rendre.

→ ....

f. Ne l'y obligez pas !

→ ....

g. Parlez-lui-en !

→ ....

h. Je ne vais pas les y ranger.

→ ....

431 Les doubles pronoms. Complétez les réponses en utilisant les pronoms compléments *COD* et *COI*.

Exemple : Il veut te vendre sa voiture ?

Oui, il veut *me la* vendre.

a. Elle peut vous envoyer les attestations ?

Non, elle ne peut pas .... envoyer.

b. Allez-vous lui faire cette lettre ?

Oui, je vais .... faire.

c. Vas-tu rendre ce dossier à Benjamin ?

Non, je ne vais pas .... rendre.

d. Je vous ai dit la nouvelle ?

Non, tu ne .... as pas dite.

e. Est-ce qu'ils ont écrit la lettre à madame Dolin ?

Non, ils ne .... ont pas écrite.

f. Pourrais-tu m'envoyer le manuscrit ?

Oui, je peux .... envoyer.

g. Allez-vous proposer ce travail à mon frère ?

Non, je ne vais pas .... proposer.

h. Pouvez-vous nous donner la réponse ?

Non, je ne peux pas .... donner.

432 Les doubles pronoms. Complétez les réponses à ces questions en utilisant les pronoms compléments *COD* et *y*.

Exemple : Tu as conduit Lisa à la piscine ? – Oui, je *l'y* ai conduite.

a. Est-ce qu'il accepte de ranger ses affaires dans le placard ? – Oui, il accepte de .... ranger.

b. Vous voulez m'enfermer dans la salle ? – Non, nous ne voulons pas .... enfermer.

c. Vas-tu nous inscrire au cours de dessin ? – Oui, je vais .... inscrire.

d. Est-ce qu'on les a obligés à partir ? – Non, on ne .... a pas obligés.

e. Elle va nous attendre au café ? – Non, elle ne va pas .... attendre.

f. Est-ce que je peux mettre la disquette dans l'ordinateur ? – Oui, tu peux .... mettre.

g. A-t-elle habitué ses enfants à parler anglais ? – Non, elle ne .... a pas habitués.

h. Est-ce que j'ai forcé Nathalène à écrire ? – Oui, tu .... as forcée.

433 Les doubles pronoms. Complétez les réponses aux questions en utilisant les pronoms compléments *COI* et *en*.

Exemple : Tu parles de tes voyages à Pauline ? – Oui, je *lui en* parle.

a. Est-ce qu'elle doit nous faire une confidence ? – Oui, elle doit .... faire une.

b. Tu peux raconter des histoires à Léonard ? – Non, je ne peux pas .... raconter.

c. On va te donner deux boîtes ? – Oui, on va .... donner deux.

d. Je vais acheter des fleurs à la directrice ? – Non, tu ne vas pas .... acheter.

e. Est-ce qu'il a commandé beaucoup de livres à Françoise ? – Oui, il .... a commandé beaucoup.

f. Nous avons envoyé du chocolat à nos clients ? – Non, nous ne .... avons pas envoyé.

g. Est-ce que tu m'as pris de la crème ? – Oui, je .... ai pris.

h. Envoies-tu du courrier tous les jours à tes amis ? – Oui, je .... envoie tous les jours.

434 Les doubles pronoms. Transformez les phrases en utilisant les pronoms compléments.

Exemple : Donnez-moi votre opinion ! → *Donnez-la-moi !*

a. Parlez à André de cet emploi ! → ....

b. Écrivez une lettre à Elodie ! → ....

c. N'habitue pas ces enfants à recevoir des récompenses ! → ....

d. Mettez la chaise sous le bureau ! → ....

e. Communiquez cette adresse à Béatrice ! → ....

f. Ne donne pas ton nom à ces gens ! → ....

g. Corrigez-nous les fautes d'orthographe ! → ....

h. Donne-moi des conseils ! → ....

435 Les doubles pronoms. Mettez les phrases suivantes dans l'ordre.

Exemple : vais/pouvoir/ne/Je/pas/en/lui/./parler

→ *Je ne vais pas pouvoir lui en parler.*

a. beaucoup/./faut/en/Il/ne/leur/pas

→ ....

b. me/trouvées/les/Elle/a/.

→ ....

c. donne/nous/!/Ne/la/pas

→ ....

d. ce/reprendre/qu'/va/elle/-/la/leur/Est/?

→ ....

e. communiquer/pas/devrais/Je/la/ne/leur/.

→ ....

f. donné/./pas/ne/Ils/en/ont/nous/beaucoup

→ ....

g. t'/-/!/en/Occupe

→ ....

h. pas/nous/./promenez/y/Ne

→ ....

436 **Répondez aux questions avec les pronoms qui conviennent.**

   Exemple :   Est-ce qu'elle a transmis ses coordonnées à la secrétaire ? Oui, ***elle les lui a***
   transmises.

   a. Allez-vous parler de tout cela à mon patron ? Non, ...

   b. Est-ce que tu as mis le courrier sur la table ? Oui, ...

   c. Ils n'ont pas présenté leur travail à leur collaborateur ? Non, ...

   ....

   d. Allez-vous parler de notre projet à vos chefs ? Oui, ...

   e. Tu ne vas pas donner la clé aux concierges ? Non, ...

   f. Est-ce qu'il te convoque dans son bureau ? Oui, ...

   g. Faut-il se méfier de cet homme ? Oui, ...

   h. Tu offriras du café à madame Imbert ? Non, ...

C. PAR COURRIER

437 **Complétez les phrases à l'aide des mots proposés :** *colis, fax, timbre, recommandé,*
   mandat, accusé de réception, facteur, code postal, coursier.

   Exemple :   C'est une lettre que l'on peut envoyer par le téléphone. → un ***fax.***

   a. C'est une lettre qui a une valeur juridique. → un ....

   b. C'est un numéro sur l'enveloppe qui permet d'acheminer le courrier. → un ....

   ....

   c. Cela permet de transférer ou de recevoir de l'argent. → un ....

   d. C'est la preuve que votre destinataire a bien reçu la lettre. → un ....

   e. C'est ce que l'on colle sur l'enveloppe pour prouver que l'on a payé l'envoi. → un ....

   ....

   f. C'est un petit paquet. → un ....

   g. C'est une personne qui transporte les lettres ou les petits colis à mobylette. → un ....

   ....

   h. C'est une personne qui distribue le courrier. → un ....

438 **Le participe présent : formation. Retrouvez le participe présent de ces verbes à l'infinitif.**

   Exemple :   avoir → ***ayant***

   a. jouer → ....

   b. devoir → ....

   c. faire → ....

   d. lire → ....

e. essayer → ....

f. se reposer → ....

g. ne pas espérer → ....

h. ne pas se trouver → ....

439 **Le participe présent. Transformez les phrases suivantes comme dans l'exemple.**

Exemple : J'ai quelques problèmes de santé. Je ne pourrai pas être présente à notre rendez-vous.

→ *Ayant quelques problèmes de santé, je ne pourrai pas être présente à notre rendez-vous.*

a. Je parle trois langues couramment. Je pense pouvoir effectuer ce travail sans problème.

→ ....

....

b. Je sais que vous organisez des séjours en Grèce. Je vous écris afin d'obtenir des détails sur les hôtels trois étoiles.

→ ....

....

c. Je connais vos problèmes pour vous déplacer. Je me propose de venir à votre domicile.

→ ....

....

d. Je ne souhaite pas venir inutilement. J'attends une confirmation de votre part.

→ ....

e. Je me repose le week-end. Je ne peux pas accepter votre proposition.

→ ....

f. Je finis tous les jours à 22 h 00. Je ne pourrai jamais participer à vos réunions.

→ ....

g. Je veux reprendre mes études après une longue interruption. Je souhaiterais m'entretenir avec le directeur de votre établissement.

→ ....

....

h. Je quitte mon domicile à 6 h 00. Je ne vais pas pouvoir assister à la fête du quartier.

→ ....

440 **Retrouvez la forme composée du participe présent de ces verbes à l'infinitif.**

Exemple : savoir → *ayant su*

a. aller → ....

b. regarder → ....

c. prendre → ....

d. s'apercevoir → ....

e. ne pas exercer → ....

f. ne pas partir → ....

g. ne pas se rendre compte → ....

h. ne pas avoir peur → ....

441 La forme composée du participe présent. Transformez les phrases comme dans l'exemple.

> *Exemple :* **Ayant obtenu** (obtenir) récemment mon diplôme d'architecte, j'ai l'honneur de vous présenter ma candidature.

a. .... (lire) votre annonce dans *Le Figaro* du 12 mai dernier, je me permets de vous écrire afin de solliciter un rendez-vous auprès du Directeur des Ressources Humaines de votre entreprise.

b. .... (arriver) en retard le jour de notre entretien, nous avons le regret de vous annoncer que votre candidature n'a pas été retenue.

c. .... (parler) avec la direction de votre magasin, nous avons constaté des irrégularités dans votre contrat de travail.

d. . ... (s'installer) à son compte depuis peu, il souhaiterait recevoir une aide financière de l'État.

e. . ... (ne pas recevoir) votre règlement, nous vous informons que votre facture a été adressée à notre service contentieux.

f. .... (ne pas se reposer) durant mon séjour dans votre centre thermal, j'exige un dédommagement.

g. .... (ne pas obtenir) de réponse de votre part, nous avons averti votre banque.

h. .... (ne pas lui donner) la clé, elle n'a pas pu ouvrir le coffre.

442 Formuler une demande. Soulignez, dans les phrases suivantes, ce qui permet de formuler une demande.

> *Exemple :* <u>Vous seriez très aimable de</u> m'envoyer une brochure.

a. Je vous serais reconnaissante de m'adresser un colis express.

b. Pourriez-vous me donner quelques informations supplémentaires concernant vos produits ?

c. Je vous demande de me rembourser intégralement.

d. Ce serait gentil de votre part de me donner davantage de détails.

e. J'aimerais savoir si cet appartement est assez calme.

f. Serait-il possible de recevoir un catalogue ?

g. Je souhaiterais obtenir confirmation de ma commande.

h. Je vous saurais gré de bien vouloir m'adresser votre courrier en recommandé.

443 La forme impersonnelle. Complétez les phrases suivantes à l'aide des verbes proposés : *vaut, faut, semble, est, paraît, doit, s'agit, fait, se passe.*

> *Exemple :* Il **semble** que les choses aillent mal entre eux mais je ne sais rien de précis.

a. Il .... que je remplisse ce formulaire. C'est urgent !

b. Il .... que tu es devenu millionnaire. C'est vrai ?

c. 600 euros pour ça ! Il .... y avoir une erreur !

d. Il .... mieux que vous restiez chez vous aujourd'hui.

e. Il .... d'un tableau d'une valeur inestimable !

f. Il .... des choses étranges par ici !

g. Déjà 7 heures ! Il .... tard !

h. Il .... un temps magnifique aujourd'hui !

444 **Complétez librement les phrases à l'aide de l'indicatif ou du subjonctif.**

Exemple : Il faut que ***vous soyez courageuse !***

a. Il est nécessaire que ....

b. Il serait souhaitable que ....

c. Il est certain que ....

d. Il est évident que ....

e. Il est inadmissible que ....

f. Il est clair que ....

g. Il est probable que ....

h. Il se peut que ....

445 **Soulignez les formules de politesse que l'on peut utiliser dans une lettre officielle administrative.**

Exemple : <u>Je vous prie d'agréer, Madame, Monsieur, mes salutations les meilleures.</u>

a. À bientôt,

b. Recevez, Madame, Monsieur, mes meilleures salutations.

c. Amicalement vôtre,

d. Affectueusement,

e. Je vous prie de croire, Madame, Monsieur, en l'expression de mes sincères salutations.

f. Veuillez agréer, Madame, Monsieur, l'expression de mes sentiments les plus fous.

g. Très cordialement,

h. Veuillez agréer, Madame, Monsieur, mes salutations distinguées.

446 **Mettez les formules de politesse dans l'ordre.**

Exemple : salutations/./prie/sincères/,/très/d'/agréer/,/Madame/Je/mes/vous

→ ***Je vous prie d'agréer, Madame, mes très sincères salutations.***

a. ,/l'/Monsieur/./en/de/assurance/,/considération/Veuillez/ma/croire

→ ....

b. Monsieur/vous/,/salutations/,/Madame/Je/,/mes/d'/accepter/respectueuses/./prie

→ ....

c. salutations/Veuillez/,/distinguées/./Monsieur/agréer/Directeur/,/mes/le

→ ....

d. en/./prie/sincères/croire/de/,/Mesdames//vous/,/salutations/de/l'/expression/mes/Je

→ ....

e. présente/salutations/,/Messieurs/mes/vous/,/cordiales/./Je

→ ....

f. dévouement/Général/de/prie/et/Monsieur/d'/,/profond/le/expression/Président/,/l'/ agréer/./de/vous/Directeur/respect/entier/mon/Je/mon

→ ....

....

g. ,/dévoués/,/l'/de/Madame/mes/Acceptez/./sentiments/expression

→ ....

h. Je/mes/vous/vouloir/,/salutations/bien/Monsieur/./recevoir/plus/de/,/sincères/prie

→ ....

447 **Notez oui** *(O)* **ou non** *(N)* **pour indiquer si ces affirmations sont vraies ou fausses.**

Exemple : Le destinataire est la personne qui reçoit la lettre. *(O)*

a. L'adresse de l'expéditeur se place en haut à droite. (   )

b. Il est possible d'écrire une lettre officielle sur du papier de couleur. (   )

c. Une lettre officielle peut être manuscrite. (   )

d. 5/04/03 signifie 4 mai 2003. (   )

e. Il est possible d'écrire une lettre officielle à l'encre bleue. (   )

f. La mention P.J. signifie que des documents sont envoyés avec la lettre. (   )

g. Si je ne sais pas qui va recevoir la lettre, je l'adresse à un « Monsieur, ». (   )

h. La ville et la date se trouvent en haut à droite. (   )

448 **Complétez la lettre suivante à l'aide des mots proposés :** *recevoir, prie, manquerai, désolée, étant, prenions, m'en, conséquent, informe.*

Mélodie Rollin   Le 7/12/2003
105, avenue de la Paline
92230 Gennevilliers

                                                          Monsieur Delmar
                                                          95, bd Rochemer
                                                          75016 Paris

Objet : Annulation de rendez-vous

Monsieur,

Étant souffrante, je vous .... que je serai malheureusement absente du 8 au 18 décembre. Par .... je ne pourrai pas vous .... dans nos bureaux comme prévu. J'en suis sincèrement .... et je vous demande de bien vouloir .... excuser.

Je ne .... pas de vous recontacter, afin que nous ...., de nouveau, un rendez-vous.

Dans cette attente, je vous .... d'agréer, Monsieur, mes plus sincères salutations.

                                                          Mélodie Rollin

449 Vous avez su par une amie qu'un emploi était proposé dans une entreprise de confection. Vous êtes styliste et ce poste vous intéresse. Vous envoyez une lettre de motivation.

....

....

....

....

....

....

....

....

....

....

....

....

....

....

....

....

....

....

....

....

D. INTERNET

450 Complétez le texte suivant à l'aide des mots proposés : *liens, barre de navigation, sites, favoris, moteur de recherche, fournisseur d'accès, mot-clé, page d'accueil, toile.*

Je suis passionné de cinéma. Régulièrement, je vais sur la ***toile*** et j'utilise un .... pour trouver de nouveaux .... spécialisés. Je tape le .... « cinéma » et une longue liste s'affiche. Quand la description d'un site est prometteuse, je m'y rends et j'arrive d'abord sur une .... qui me donne diverses informations. Pour passer d'une page à une autre, j'utilise la .... En général, chaque site propose des .... vers d'autres et je navigue ainsi durant des heures. Heureusement que mon .... propose des tarifs avantageux ! Si le site me plaît, je le classe parmi mes .... et j'y retourne de temps en temps.

INDEX

Les chiffres renvoient aux numéros d'exercices

A

À 162-163, 166

À cause de 236-237

À force de 236-237

Accents circonflexes *(orthographe)* 171-172

Actions *(vocabulaire)* 195, 199, 204-205, 325

Activités de loisirs *(vocabulaire)* 28, 302

Adjectifs indéfinis *(grammaire)* 15-16

Adjectifs qualificatifs *(grammaire et vocabulaire)* 38-45, 47-51, 56-58, 60, 337

Adverbes *(grammaire)* 14, 52, 57, 77, 281-284

Amener 326

Antériorité/postériorité *(expression de l'/la)* 191-193, 198-199, 202, 210

Apporter 326

Après *(grammaire)* 198-199, 202, 210

Argent *(vocabulaire)* 121-125, 128

Articles contractés *(grammaire)* 6, 18-19, 33, 153, 155-156, 158-159

Articles définis *(grammaire)* 32, 154

Avant 163-164, 191-193

Avec 163

B

but *(expression du)* 203, 220-221, 244

C

Ça fait... que *(grammaire)* 11-12

Caractère *(vocabulaire)* 38-44

Cause *(expression de la)* 234-235, 239, 251-253

Chaque *(grammaire)* 15

Chez 153, 163

Cinéma *(vocabulaire)* 316, 321-322

Comme 60, 348

Comparaison *(expression de la)* 51-59

Comparatif *(grammaire)* 51-57

Concordance des temps 416

Condition *(expression de la)* 134-138

Conditionnel 166-195
– *présent (conjugaison)* 304-306, 310, 312
– *passé* 367-368, 372

Conflit *(vocabulaire)* 361-363, 365, 370-371, 384

Conséquence *(expression de la)* 242-243, 245-248, 251-254

Contre 163

Couleurs *(orthographe)* 47-48

Courrier *(vocabulaire)* 437, 442, 445-446, 448

Cuisine *(vocabulaire)* 347, 350-351, 354-358, 360

D

Dans *(lieu/grammaire)* 157

Dans *(temps/grammaire)* 110

De *(préposition)* 158-159, 163, 231-232

Défauts *(expression des)* 42-44

Déjà *(grammaire)* 77

Demande polie *(expression de la)* 303, 314-315

Déménagement *(vocabulaire)* 188-189

Démonstratifs *(pronoms)* 319

Démonstratifs neutres *(pronoms)* 393-395

Depuis *(grammaire)* 11-12, 36-37, 112

Devant 163-164

Devoir *(conjugaison)* 130-132, 368

Discours indirect
– au présent *(grammaire)* 377-382
– au passé *(grammaire)* 409-412

Dont 256-258

Durée *(expression de la)* 11-12, 112, 206

E

Écrites *(productions)* 106, 109, 170, 199, 230, 254, 270, 300, 386, 420, 449

Emmener 326

Emporter 326

En *(préposition)* 153, 155-156, 158-159, 162

En *(pronom/grammaire)* 141-142, 145-148, 231, 389

Encore *(grammaire)* 77

Enfants *(vocabulaire)* 67-69, 72-74, 78-82

Études *(vocabulaire)* 91-93, 99, 118-119

Expressions idiomatiques 34, 60, 390

F

Faillir *(conjugaison)* 262

Faire *(conjugaison)* 2, 5

Faire faire 186-187

Falloir *(conjugaison)* 132

Familier (vocabulaire) 10, 68, 123, 240, 250

Faute de 236-237

Fréquence (expression de la) 14-15, 275

Futur
— **antérieur** (conjugaison) 113-117
— **imminent** (conjugaison) 95
— **proche** (conjugaison) 96-98, 107, 109
— **simple** (conjugaison) 102-109, 135, 160

G

Gérondif (conjugaison) 208-210, 238

Goûts (expression des) 336-337

Grâce à 236-237

H

Homophones (orthographe) 94 [kuʀ], 126 [ku], 127 [kɔ̃t], 152 [mɛʀ], 249 [tɑ̃], 259 [dɔ̃], 285 [ɑ̃], 296 [sɔ̃], 299 [sɛ], 321 [sɛl], 341[aj], 345 [fɛ̃], 349 [vɛ̃], 366 [mɛ], 376 [le], 396 [sə], 398 [fwa], 402 [sɑ̃], 415 [mo]

Hypothèse (expression de l') 333-335, 373-375

I

Il y a (grammaire) 36-37, 112

Il y a... que (grammaire) 11-12

Imparfait (conjugaison) 215-217, 219, 222-223, 268-269

Imparfait et passé composé (conjugaison) 222, 227-230, 269-270

Impératif (conjugaison) 87, 136, 358, 360

Impersonnelle (forme) 443-444

Indicatif 278-280, 311, 339-340, 416-417

Infinitif
— **présent** (conjugaison) 66, 190, 203-205, 418
— **passé** (conjugaison) 194, 197

Intensité (expression de l') 245-248

Internet (vocabulaire) 450

Interrogatifs (pronoms) 317-318

Invitation (expression d'une) 323-325

J

Jouer (conjugaison) 4-5

L

Logement (vocabulaire) 181-185, 188-189, 195-196, 200-201, 203-204

M

Mariage (vocabulaire) 62

Matières (vocabulaire) 201

Meubles (vocabulaire) 200

Modaux (conjugaison) 21-22, 90, 129-132

Modes 298

Mort (vocabulaire) 88-90

Musique (vocabulaire) 3, 4, 6

N

Naissance (vocabulaire) 70-72, 75-76

Nécessité (expression de la) 131-133

Négation (expression de la) 23-27

Ni... ni (grammaire) 25

Nominalisation (grammaire) 61, 92, 125, 272-274

O

Objets de la maison (vocabulaire) 196, 203

Objets de loisirs (vocabulaire) 13, 205

Opinion (expression d'une) 338-340, 342-344

Orale (compréhension) 17, 21, 46, 64, 87, 104, 150, 167, 172, 183, 207, 218, 223, 232, 252, 260, 277, 279, 297, 303, 322, 324, 328, 339, 346, 361, 369, 383, 388, 400, 412, 419, 423, 426-428

P

Parce que (grammaire) 235

Participe présent (conjugaison) 438-441

Partitifs (articles) 347, 359

Passé composé (conjugaison) 65-66, 71-76, 83, 85, 109, 160, 222, 268-269

Passé récent (conjugaison) 63-64, 98

Passif (grammaire) 286-287, 289-291

Pendant (grammaire) 111, 210

Physique (vocabulaire) 31-33, 35

Plus-que-parfait (conjugaison) 265-270

Possessifs *(pronoms)* 351-353

Pour *(grammaire)* 110-111, 163, 203, 220-221, 244, 348

Pouvoir *(conjugaison)* 372

Préférence *(expression de la)* 312-313

Prépositions *(grammaire)* 6, 18-19, 33, 110-111, 153, 155-159, 162-164

Présent de l'indicatif *(conjugaison)* 7-9, 30, 64-66, 108-109, 134-135, 160

Présent progressif *(conjugaison)* 29-30, 95

Presse *(vocabulaire)* 271, 275-277, 292

Probabilité *(expression de la)* 117

Profession *(vocabulaire)* 184, 224-226

Pronominale *(forme)* 293-295, 297

ronoms compléments *(révision générale)* 404-408

ronoms COD *(grammaire)* 81-83, 87, 89-90, 148, 168

ronoms COI *(grammaire)* 84-85, 87, 89, 90, 148, 167-168

ronoms démonstratifs 319-320

ronoms démonstratifs neutres 393-395

ronoms doubles *(grammaire)* 429-436

ronoms possessifs 351-353

ropositions 173-176

uisque *(grammaire)* 235

Q

Qualités *(expression des)* 42-44

Quantité *(expression de la)* 140-147

R

Ramener 326

Regret *(expression du)* 364, 368, 373-375

Relatifs *(grammaire)* 175-180, 256-258

Relations *(vocabulaire)* 61, 301

Restaurant *(vocabulaire)* 331-332, 346

Restriction *(grammaire)* 120

S

Sans 163

Santé *(vocabulaire)* 391-392, 397, 399, 403, 413-414, 419

Si *(grammaire)* 134-137, 333-335

Sigles *(vocabulaire)* 99, 128, 212

Similitude *(grammaire)* 59

Simultanéité *(expression de la)* 206-207, 209-210

Sinon *(grammaire)* 139

Sonores *(exercices)* 17, 21, 46, 64, 87, 104, 150, 167, 172, 183, 207, 218, 223, 232, 252, 260, 277, 279, 297, 303, 322, 324, 328, 339, 346, 361, 369, 383, 388, 400, 412, 419, 423, 426-428

Souhait *(expression du)* 303, 310-311

Sport *(vocabulaire)* 1, 4, 6

Subjonctif *(conjugaison)* 132-133, 311, 339-340, 417-418

Suggestion *(expression de la)* 303, 306-309

Superlatifs *(grammaire)* 58

Sur 157

T

Téléphone *(vocabulaire)* 421-422, 424-425

Temps *(expression du)* 11-12, 14-20, 70, 100, 218-219, 263-264, 275

Toniques *(pronoms)* 165-168, 231-232

Tout *(orthographe)* 15-16

Travail *(vocabulaire)* 211-213, 233

V

Vacances *(vocabulaire)* 151, 169

Venir *(conjugaison)* 63

Vêtements *(vocabulaire)* 46-48

Voiture *(vocabulaire)* 241, 244, 250

Y

Y pronom *(grammaire)* 153, 166-168, 389

N° d'éditeur : 10127945 - DESK - Octobre 2005
Imprimé en FRANCE par MAME Imprimeurs à Tours (05092194)